Gustave Flaubert

Madame Bovary

40/4

Collection dirigée par Denis Merle

Gustave Flaubert

Madame Bovary

40 QUESTIONS
40 RÉPONSES
4 ÉTUDES

Angélique Gaillon Jacquel
agrégée de lettres modernes

ellipses

ISBN 978-2-340-001183
©Ellipses Édition Marketing S.A., 2014
32, rue Bargue 75740 Paris cedex 15

www.editions-ellipses.fr

■ AVANT-PROPOS

Le sujet de *Madame Bovary* a été imposé à Flaubert par Louis Bouilhet et Maxime Du Camp comme un pensum, ou plutôt comme un exercice nécessaire pour se débarrasser de ses fantasmes romantiques. En effet, Flaubert venait de lire à ses amis, pendant plusieurs jours, la première version de la *Tentation de Saint Antoine*, œuvre dont Louis Bouilhet et Maxime du Camp, ses amis déclarèrent qu'il fallait la mettre dans un tiroir et l'oublier.

Ils lui recommandèrent, en revanche, d'écrire un roman au sujet plus prosaïque : l'histoire d'un adultère en province. Flaubert passa quatre ans et demi sur ce roman (de 1851 à 1856), se plaignant à ses différents correspondants de peiner comme un forçat à l'écrire.

Madame Bovary devait, du reste, être l'enfant de la douleur puisqu'à peine parue, elle a valu à son auteur un procès pour offense à la morale publique et religieuse… Le succès du roman, pourtant, succès de scandale, allait être fulgurant… au point d'éclipser toutes les œuvres à venir de Flaubert. Ce dernier finira par écrire : « *La Bovary m'embête. On me scie avec ce livre-là. Car tout ce que j'ai fait depuis n'existe pas. Je vous assure que si je n'étais besogneux, je m'arrangerais pour qu'on n'en fît plus de tirage.* » (Lettre à G. Charpentier, éditeur, le 16 février 1879)

Œuvre maudite par son créateur, *Madame Bovary*, histoire d'un adultère qui se finit par un suicide, serait-elle donc placée sous le signe du tragique ? Certes, mais pas seulement. Car ce que les 40 questions / 4 études de ce volume cherchent à montrer, c'est qu'il y a aussi du comique dans ce roman, mais un comique amer. Flaubert y brûle tout ce qu'il avait précédemment adoré : passions romantiques et lectures romanesques.

C'est ainsi que, à partir de l'écriture de *Madame Bovary*, roman inaugural, Flaubert naît à l'écriture réaliste. Mais – et il s'agira de le montrer ici – cette écriture en forme d'autocritique est cependant encore hantée par le romantisme (présence de l'Aveugle, notamment). C'est que *Madame Bovary*, censée être l'œuvre-phare du réalisme, est surtout un manifeste de l'écriture. Flaubert y invente le style comme « manière absolue de voir les choses ». D'autres écrivains, bien sûr, ont eu « un style » avant lui mais il est le premier à vouloir que son roman se tienne par la beauté, la force seule de son style, indépendamment de la singularité de l'intrigue choisie. C'est pour cette raison que Flaubert a choisi – ou s'est laissé imposer – une intrigue banale et des personnages aussi peu marquants que Charles, Homais, ou même Emma qui n'est qu'une péronnelle prétentieuse, sous bien des aspects.

■ 40 QUESTIONS

1. Pourquoi Flaubert a-t-il intitulé son roman *Madame Bovary. Mœurs de province ?*
2. Sur quel personnage s'ouvre et s'achève le roman ? Qu'en conclure ?
3. Quel est le premier mot du roman ? Qui ce mot désigne-t-il ? (I, 1)
4. Quels sont les principaux objets auxquels Flaubert accorde de l'importance ?
5. Qu'apprend le lecteur sur Emma lors de la scène de sa première rencontre avec Charles ? (I, 2)
6. Quelle est la focalisation adoptée par Flaubert ? Comment manifeste-t-elle l'absence de communication entre les personnages ? (I, 3 ; I, 4 ; I, 5 ; I, 6)
7. En quoi la noce des Bovary annonce-t-elle l'échec de leur mariage ? (I, 4)
8. Quel genre d'éducation a reçu la jeune Emma ? (I, 7)
9. D'où vient la désillusion d'Emma à l'égard du mariage (I, 7)
10. Quelles sont les impressions fortes d'Emma lors du bal à la Vaubyessard ? (I, 8)
11. Que représente pour Emma la ville sur un plan imaginaire ? (I, 9)
12. En quoi la scène de la rencontre entre Emma et Léon constitue-t-elle une critique du romantisme ? (II, 2)
13. Qui est M. Homais ? (II ; III)
14. Quelle est l'image du peuple dans le roman ? (II, 3 ; II, 8 ; III, 6)
15. Quel rôle l'argent joue-t-il dans la façon dont la narration est menée ? (II, 5 ; III, 6)
16. Quel est le malentendu entre Emma et le curé Bournisien ? (III, 6)
17. En quoi la scène des comices agricoles est-elle comique ? (II, 8)

18. Que s'est-il passé lors de la promenade à cheval avec Rodolphe ? (II, 9)
19. Quel est le malentendu entre Rodolphe et Emma ? (II, 7 ; II, 10)
20. Pourquoi l'opération du pied-bot et ses conséquences sont-elles importantes pour Emma ? (II, 9)
21. Pourquoi Charles et Emma ont-ils deux façons différentes de voir leur fille ? (II, 13)
22. Pourquoi et comment Rodolphe abandonne-t-il Emma ? (II, 12 ; II ; 13)
23. Rodolphe et Charles emploient-ils le mot « fatalité » dans le même sens ? (II, 13 ; III, 11)
24. Quelle critique de la religion est menée à travers le récit de la conversion d'Emma ? (II, 14)
25. Pourquoi Emma est-elle touchée par l'histoire de Lucie de Lammermoor ? (II, 15)
26. À quoi Léon et Emma doivent-ils leur transformation ? (III, 1)
27. Que se passe-t-il dans le fiacre ? (III, 1)
28. Pourquoi Justin se fait-il disputer par Homais ? (III, 2 ; III, 8)
29. De quels stratagèmes use Emma pour revoir son amant Léon ? (II, 4)
30. Que symbolise l'Aveugle ? (III, 5 ; III, 7 ; III, 8)
31. Pourquoi Emma voit-elle Rouen comme une « Babylone » (III, 5) ?
32. Comment évolue la relation d'Emma et de Léon ? (III, 6)
33. Léon se montre-t-il à la hauteur des attentes d'Emma ? (III, 5)
34. Qu'attend Emma de Léon au chapitre III, 7 ?
35. Que tente en dernier recours Emma pour se procurer de l'argent ? (III, 7 ; III, 8)
36. Pourquoi Emma se suicide-t-elle ? (III, 8)
37. Sur quel registre est représentée l'agonie d'Emma ? (III, 8)
38. En quoi Félicité est-elle un double ironique d'Emma ? (III, 10)
39. Que signifie le triomphe final d'Homais ? (III, 11)
40. Que signifie le sort final des autres personnages ? (III, 11)

■ 40 RÉPONSES

1. POURQUOI FLAUBERT A-T-IL CHOISI D'INTITULER SON ROMAN *MADAME BOVARY. MŒURS DE PROVINCE* ?

Dès le titre, Flaubert choisit de définir son roman en mettant l'accent sur ce qui sera la souffrance de son héroïne : être une bourgeoise (et non une aristocrate), mariée, habitant une petite ville de province.

Le titre d'un roman donne toujours une indication sur l'aspect le plus important de l'œuvre. Ici, il s'agit du nom d'un personnage qui est donc clairement désigné comme étant l'héroïne. Le sous-titre, quant à lui, *Mœurs de province,* est une indication de genre (on aura une étude de mœurs, donc presque plus un « documentaire » qu'un roman) et une indication de lieu (la province opposée à Paris). Ce titre, comme ce sous-titre, ne peuvent que faire penser à Balzac, auteur de *La Comédie humaine,* autre auteur classé comme « réaliste ». Flaubert, tout en le critiquant, respectait son génie. Par exemple, on rapprochera, pour mieux en comprendre la singularité, *Madame Bovary. Mœurs de province* de *Eugénie Grandet. Scène de la vie de province*.

On note tout d'abord qu'il manque le prénom de l'héroïne, Emma Bovary. Cette dernière est définie uniquement par son statut d'épouse de Charles Bovary (« Madame » Bovary). C'est un moyen pour Flaubert d'attirer, dès le titre, l'attention du lecteur sur un aspect qu'il juge essentiel de son roman : le drame de la femme mal mariée et poussée par la monotonie du mariage à l'adultère. Il y a, du reste, de l'ironie à appeler ce roman *Madame Bovary*, et non *Emma Bovary*, puisque le nom d'épouse est, comme le dit Rodolphe, à Emma, « le nom d'un autre » (celui du mari), mais il est aussi le nom d'autres femmes (la mère de Charles et sa première femme, Héloïse Bovary).

Le nom de « Bovary » donne aussi une indication sur le statut social du personnage : il s'agit d'une bourgeoise, et non d'une aristocrate (avec absence de particule), ce qui indique une des sources de la frustration du personnage.

Pour Flaubert, le nom des personnages est, en quelque sorte, le début de l'œuvre. Son ami Maxime du Camp raconte que, alors qu'il voyageait avec Flaubert en Orient, celui-ci se serait exclamé : « J'ai trouvé ! Eurêka ! Eurêka ! Je l'appellerai Emma Bovary ». Si le choix du nom est aussi crucial, c'est qu'il sert à donner l'illusion de la réalité des personnages et, en même temps, à fournir sur eux des indications. Il a un sens. Ainsi « Bovary » fait penser aux bovins et rappelle la bêtise de Charles mais aussi celle d'Emma derrière ses prétentions romantiques. On peut aussi lire « Bove a ri », ce qui pourrait annoncer le rire final d'Emma à l'agonie et inscrirait sa destinée dans son nom, ou « B ovary » (ovaire en anglais), ce qui rapprocherait son comportement de l'hystérie. D'autres significations sont possibles. À chaque lecteur de les trouver.

2. SUR QUEL PERSONNAGE S'OUVRE ET S'ACHÈVE LE ROMAN ? QU'EN CONCLURE ?

Flaubert a choisi d'ouvrir son roman sur le récit de l'enfance de Charles et de l'achever sur la mort de ce dernier. Il a donc mis l'accent sur ce personnage que l'on pourrait considérer comme secondaire.

Madame Bovary est un roman en trois parties. La première partie présente les personnages et raconte le malentendu croissant entre les époux Bovary. La seconde partie présente les premières esquisses de solution trouvées par Emma à son ennui : une fois provoqué le départ pour Yonville, elle vit son premier amour platonique pour Léon et sa relation charnelle avec Rodolphe. La troisième partie est consacrée aux solutions extrêmes : adultère frénétique avec Léon, dépenses excessives ; et au châtiment : le suicide final d'Emma.

Cependant, si ce récapitulatif semble clairement, tout comme le titre du roman, désigner Emma comme l'héroïne, il ne faut pas oublier un fait à première vue étonnant : le roman s'ouvre et s'achève sur Charles. Pourquoi ?

On peut avancer deux raisons. D'abord, en ouvrant son roman sur l'enfance et la jeunesse de Charles, Flaubert souligne par avance sa bêtise ou plutôt son inintelligence, son absence de toute réflexion originale (« *La conversation de Charles était plate comme un trottoir de rue et les idées de tout le monde y défilaient dans leur costume ordinaire, sans susciter d'émotions, de rires ou de rêverie* » juge Emma, p. 72). Le lecteur peut ainsi deviner l'insatisfaction à venir de la future Madame Bovary. Par ailleurs, l'inintelligence de Charles s'inscrit avec cohérence dans ce roman de la bêtise qu'est *Madame Bovary*. En effet, il n'y a pas que la conversation de Charles qui soit un répertoire d'idées reçues. On pourrait le dire des propos de tous les autres personnages…

La seconde raison qu'a pu avoir Flaubert de mettre ainsi Charles en avant vient peut-être de sa sympathie pour les humbles, les personnages qui ont plus de cœur que d'idées. On peut penser à la servante mise en scène par l'écrivain dans *Un cœur simple*, personnage à l'horizon intellectuel étroit mais au grand cœur. Le récit de la mort de Charles qui se consume de chagrin et d'amour irait dans le sens de cette hypothèse.

3. QUEL EST LE PREMIER MOT DU ROMAN ? QUI CE MOT DÉSIGNE-T-IL ? (I, 1)

Le roman s'ouvre sur un « nous » mystérieux. Il renvoie à la communauté des élèves présents à l'étude lorsque Charles Bovary y entre pour la première fois. Cependant ce pronom personnel disparaît par la suite. À quoi sert-il alors ?

Ce pronom « nous » pourrait un instant donner l'illusion que l'histoire est racontée entièrement par un ancien condisciple de Charles. Cependant il n'en est rien, puisque le « nous » disparaît au bout de deux ou trois pages après avoir alterné avec le pronom « on », au sens plus vague. En fait, l'emploi du pronom « nous » vise à permettre une entrée plus douce dans la fiction ainsi relayée, en apparence par un narrateur. On a un peu le même effet que lorsque, au cinéma, un personnage s'adresse en voix off au spectateur, lui permettant ainsi de mieux entrer dans le film. Une fois le spectateur pris par le film, la voix off disparaît.

L'emploi du pronom personnel « nous » sert aussi à rendre plus vivante la scène de persécution qui ouvre le roman. Celle-ci paraît d'autant plus choquante que l'emploi du pronom « nous » peut aussi englober, à la limite, le lecteur.

En effet, la première scène du roman est d'une grande cruauté : toute la classe se moque du jeune Charles parce qu'il ne connaît pas les codes de son nouveau milieu. De fait, Charles est un « *gars de la campagne* » (p. 23). Tout dans ses vêtements et son air « *fort embarrassé* » (p. 23) en témoigne. C'est cet embarras qui fait de lui une victime toute désignée et lorsqu'il essaie avec timidité d'articuler son nom que les autres entendent « *Charbovari* » ou « *Charivari* »… programme que les élèves mettent aussitôt à exécution. Le professeur lui-même tourne Charles en dérision en se moquant de sa casquette, se mettant ainsi dans le camp des autres élèves (« *Débarrassez-vous donc de votre casque, dit le professeur qui était homme d'esprit* »,

p. 24). De fait, professeur et élèves peuvent se liguer contre Charles parce que tous partagent une même origine sociale et géographique (ce sont des bourgeois citadins).

4. QUELS SONT LES PRINCIPAUX OBJETS AUXQUELS FLAUBERT ACCORDE DE L'IMPORTANCE ?

Tout au cours de l'œuvre apparaissent un certain nombre d'objets que Flaubert veut rendre significatifs. Certains figurent une fois (la casquette de Charles) d'autres plusieurs (le curé en plâtre à Tostes, la tête phrénologique, l'arsenic même). Pourquoi cette invasion par les objets ?

Le premier objet sur lequel s'attarde le narrateur est la casquette de Charles, à son arrivée au collège. Elle est décrite en ces termes : « *C'était une de ces coiffures d'ordre composite, où l'on retrouve les éléments du bonnet à poil, du chapska, du chapeau rond, une de ces pauvres choses enfin et dont la laideur muette a des profondeurs d'expression comme le visage d'un imbécile.* » (p. 24) Il est notable que la description de la casquette sert à décrire Charles. L'objet donne un indice sur son possesseur, car c'est Charles qui possède « *le visage d'un imbécile* » doté de « *profondeurs d'expression* », lui qui meurt d'amour à la fin du roman, ce que les amants d'Emma se gardent bien de faire ! Au reste, la casquette est composite au point que sa description provoque chez le lecteur un sentiment de pitié comique.

D'autres objets, comme le curé en plâtre, dont on apprend ensuite qu'il s'est cassé dans le déménagement de Tostes à Yonville, à la grande tristesse de Charles, servent à donner une impression de réel. Il est question d'objets familiers comme si les personnages qu'ils entourent n'étaient pas des personnages de papier.

Certains objets tels « *la belle tête phrénologique toute marquetée de chiffres jusqu'au thorax et peinte en bleu* » (p. 143) ont une portée comique, d'abord parce qu'un tel objet n'existe pas (la phrénologie ou science des crânes n'a rien à faire des thorax !), ensuite parce qu'elle est un don de l'amoureux d'Emma, Léon, au mari complaisant qu'est Charles. Du reste, la tête phrénologique réapparaît lors de la saisie des effets des Bovary, saisie dont elle est exceptée en raison de sa valeur d'outil professionnel. C'est une nouvelle notation comique dans la mesure où Flaubert ne croyait pas à la scientificité de la phrénologie.

Enfin, d'autres objets, tel l'arsenic qu'absorbe Emma concourent directement à la narration. À ce sujet, on peut même aller jusqu'à dire que tous les objets achetés à crédit par Emma (prie-Dieu gothique, tapis, rideaux, toilettes, cadeaux pour ses amants) jouent un rôle majeur dans le roman puisque ce sont ses dettes qui vont pousser Emma au suicide. On peut donc aussi lire *Madame Bovary* comme un roman où les objets prendraient le pouvoir.

5. QU'APPREND LE LECTEUR SUR EMMA LORS DE LA SCÈNE DE SA PREMIÈRE RENCONTRE AVEC CHARLES ? (I, 2)

La description d'Emma telle qu'elle apparaît à Charles lors de leur première rencontre annonce déjà bien des caractéristiques et des contradictions de la jeune femme : son origine paysanne, ses aspirations aux classes sociales supérieures, voire son caractère « viril ».

Charles perçoit Emma, lors de leur première rencontre, de façon impressionniste : son attention se concentre sur ses ongles, puis sur sa main, ses yeux et enfin sa tête avant d'apercevoir son lorgnon. Chaque partie d'Emma délivre sur elle un renseignement que Charles, trop benêt et trop ébloui, ne déchiffre pas mais que le lecteur peut comprendre.

Les mains d'Emma, notamment, sont révélatrices. Tout d'abord « *Charles fut surpris de la blancheur de ses ongles. Ils étaient brillants, fins du bout, plus taillés que les miroirs de Dieppe, et taillés en amande* » (p. 38). De tels ongles indiquent qu'Emma ne travaille pas de ses mains à la ferme, ce qui sera confirmé plus loin (p. 49).

Surtout, ils renvoient à la coquetterie de la jeune femme et à son souhait d'appartenir aux classes supérieures, à la noblesse citadine surtout.

Mais « *sa main pourtant n'était pas belle, point assez pâle et un peu sèche aux phalanges ; elle était trop longue aussi et sans molles inflexions de lignes sur les contours* » (p. 38). Ici intervient une notation cruelle : malgré le temps passé à soigner ses ongles, Emma ne peut échapper à sa classe sociale, elle reste une paysanne aisée qui se transformera en toute petite bourgeoise par son mariage avec Bovary l'officier de santé (grade en dessous du médecin au XIXe siècle). C'est en raison de son origine sociale qu'Emma ne possède pas les blanches mains des reines et des aristocrates.

Enfin, Charles, après avoir admiré ses yeux et son visage, remarque qu'« *elle portait comme un homme, passé entre deux boutons de son corsage, un lorgnon d'écaille* » (p. 40). De fait, Baudelaire a remarqué qu'Emma a des caractéristiques en général attribuées aux hommes, tout au moins à son époque. En effet, elle ne se montre pas inactive et bavarde comme les autres femmes d'Yonville mais veut changer son destin de sa propre initiative, en se donnant des amants puis en organisant son projet de fuite avec Rodolphe. Baudelaire estime que son imagination et son énergie sont masculines. Néanmoins, il ne faut pas oublier qu'il s'agit de stéréotypes propres à l'époque de Flaubert. Il est certain que se sentir faite pour l'action dans une société où les femmes sont cantonnées à des tâches routinières est une des causes du malheur d'Emma.

6. QUELLE EST LA FOCALISATION ADOPTÉE PAR FLAUBERT ? COMMENT MANIFESTE-T-ELLE L'ABSENCE DE COMMUNICATION ENTRE LES PERSONNAGES ? (I, 3 ; I, 4 ; I, 5 ; I, 6)

La focalisation adoptée par Flaubert au début du roman est la focalisation interne. Le narrateur donne le point de vue de Charles, puis celui du père Rouault et enfin celui d'Emma : montrant à

quel point les personnages ont des idées, des désirs différents, il traduit l'incommunicabilité entre les personnages et le malentendu croissant entre eux.

On appelle « focalisation interne » le fait, pour le romancier de se placer dans la tête d'un de ses personnages. Il peut changer cependant de personnage de référence au fil du roman. La focalisation interne s'oppose à la focalisation externe où l'auteur ne fait que décrire les faits et gestes des personnages sans donner d'indication sur leurs pensées. Elle s'oppose aussi au point de vue dit du narrateur omniscient. Ce dernier connaît alors les pensées de tous les personnages et les commente (on trouve beaucoup ce point de vue chez Balzac).

Flaubert, lui, adopte la focalisation interne. Cela signifie qu'on n'a jamais le point de vue du narrateur. Il faut donc prendre garde à qui parle. Lorsqu'on peut lire (p. 245) : « *comment avait-elle fait (elle qui était si intelligente !) pour se méprendre encore une fois ?* », ce n'est pas le narrateur qui déclare qu'Emma est intelligente, c'est Emma qui a bonne opinion d'elle-même. Pour donner le point de vue des personnages, Flaubert adopte le discours indirect libre. Il évite d'écrire que tel ou tel « pensait que », ce qui lui permet d'alléger son texte par rapport au discours indirect mais le rend aussi plus équivoque : c'est au lecteur de comprendre qui parle ou qui pense.

Ce choix permet à l'auteur de montrer à quel point chaque personnage est isolé dans ses pensées. Au début du roman (I, 2), nous avons le point de vue de Charles, qui, à partir de son veuvage, pense au remariage avec Emma Rouault. Mais nous ne savons ni ce qu'en pense Emma ni ce qu'en pense le père Rouault. Charles ne le sait pas non plus et il lit de travers tous les indices qui s'offrent à lui. Nous avons ensuite le point de vue du père Rouault qui s'avère être un cultivateur moins prospère que ne le pense Charles et veut donner sa fille à ce dernier précisément pour cette raison. Enfin, si le lecteur a des indices sur ce que pense Emma, son point de vue ne sera adopté par le narrateur qu'au chapitre I, 6, c'est-à-dire après le mariage qui la lie à un homme avec lequel elle ne partage rien.

7. EN QUOI LA NOCE DES BOVARY ANNONCE-T-ELLE L'ÉCHEC DE LEUR MARIAGE (I, 4) ?

Tandis qu'Emma rêvait d'un mariage à minuit aux flambeaux, elle doit se contenter d'une noce paysanne. Ainsi se noue le malentendu entre les époux Bovary.

Emma, dit le texte, aurait « *désiré se marier à minuit aux flambeaux* » (p. 51). Cette idée sort tout droit de la littérature romantique qu'elle a pu absorber dans sa jeunesse. Son désir, d'ailleurs, n'est pas contrarié par Charles, qui ne manifeste pas d'idées contraires à celles de sa femme, mais par le père Rouault. Emma ne peut pas se marier aux flambeaux parce que cela ne se fait pas, parce que la société s'y oppose. En même temps, pour le lecteur qui connaît déjà le peu de romantisme de Charles, la proposition d'Emma est cocasse…

Alors qu'Emma se voudrait une héroïne romantique, la noce relève purement du registre réaliste. Les invités sont décrits comme assez vulgaires (on peut comparer cette description avec celle des invités raffinés du bal à la Vaubyessard). Plus précisément, ils ne sont même pas décrits comme des individus mais comme une masse dont on ne distingue pas les visages (ou alors séparés du reste de la personne), mais les gestes parfois et, le plus souvent les costumes. Les invités à la noce Bovary sont donc évoqués comme des objets, dont le narrateur se contente de décrire les vêtements : « *Suivant leur position sociale différente, ils avaient des habits, des redingotes, des vestes, des habits-vestes ; bons habits entourés de toute la considération d'une famille, et qui ne sortaient de l'armoire que pour les solennités […]. Quelques-uns encore (mais ceux-là bien sûr devaient dîner au bas-bout de la table) portaient des blouses de cérémonie, c'est-à-dire dont le col était rabattu sur les épaules, le dos froncé à petits plis et la taille attachée très bas par une ceinture cousue* » (p. 53) Cet extrait est révélateur ; il montre clairement où et dans quelle classe sociale se passe la noce : à la campagne, dans la paysannerie riche alliée à la toute petite bourgeoisie. En outre, il contient de petites notations mesquines (les paysans les moins aisés ont les moins bonnes places à table), qui pourraient correspondre à la pensée d'Emma, alors même qu'elle prétendrait échapper à ce genre de considération.

La déshumanisation des invités montre le point de vue d'Emma (alors même qu'aucune indication ne le dit), absente de sa propre noce, qui se révèle avant tout un festin, c'est-à-dire une réjouissance bien loin du romantisme souhaité par l'héroïne. Ainsi, « *jusqu'au soir, on mangea* ». Rien d'étonnant alors dans l'attention portée par le texte à la description de la pièce montée, clou du repas (p. 55) ! Celle-ci figure à la fois « *un temple avec portiques, colonnades et statuettes* » à la base, « *un donjon* » au second étage et « *une prairie verte* » avec « *un petit Amour se balançant à une escarpolette* ». Toutes ces extravagances pourraient peut-être plaire à Emma, tout au moins la référence au Moyen Âge (le donjon) pourrait-elle flatter cette lectrice de Walter Scott, auteur écossais de romans historiques et d'aventures qui connut un très vif succès au début du XIXe siècle. Mais tous ces détails sont en « *gâteau de Savoie* », en « *angélique, amandes, raisins secs, quartiers d'oranges* » ou « *confiture* » et « *chocolat* », ce qui signifie qu'ils ne sont là que pour être consommés par les mandibules de ces paysans qu'Emma méprise, en un banquet grossier. Ainsi, les rêves d'Emma n'apparaissent plus que dévalorisés. Ils sont ravalés à leur place d'imagerie kitsch (de mauvais goût, de clichés).

Enfin, la nuit de noces ne s'avère guère plus réjouissante pour la jeune mariée. Le père Rouault ne la protège qu'à grand-peine des plaisanteries grivoises en usage dans sa classe sociale. Et si le lendemain, le marié « *semblait un autre homme* » à tel point que « *c'est lui plutôt que l'on eût pris pour la vierge de la veille* » (p. 57), Emma, elle, reste si bien enfermée dans son mutisme que le lecteur peut deviner son insatisfaction sexuelle. On notera d'ailleurs au passage l'interversion des rôles de genre entre Charles et Emma puisque c'est Charles qui est assimilé à une jeune fille que l'on vient de dépuceler. Quant au plaisantin empêché par le père d'Emma de se livrer à ses facéties grivoises, il sert de mauvaise fée en se joignant « *dans un coin à quatre ou cinq autres des invités qui, ayant eu, par hasard, plusieurs fois de suite à table les bas morceaux des viandes, trouvaient aussi qu'on les avait mal reçus, chuchotaient sur le compte de leur hôte et souhaitaient sa ruine à mots couverts.* » (p. 56). On sait que ces « mauvaises fées » seront exaucées...

8. QUEL GENRE D'ÉDUCATION A REÇU LA JEUNE EMMA ? (I, 6)

Emma, éduquée au couvent avec des jeunes filles d'une classe sociale supérieure, a reçu une éducation religieuse. Elle s'est donné à elle-même une culture livresque en dévorant la littérature (et la sous-littérature) romantique. Mais ces deux éducations aboutissent à une même fin : l'assoiffer d'émotions amoureuses.

Au couvent, Emma reçoit une éducation religieuse. Elle apparaît comme une bonne élève. Mais cette éducation semble assez superficielle, reposant avant tout sur « *quelque résumé d'Histoire sainte ou les Conférences de l'abbé Frayssinous et le dimanche, des passages du Génie du Christianisme, par récréation.* » (p. 65) Emma cherche plus que tout à éprouver des émotions religieuses, aimant « *la brebis malade, le Sacré Cœur percé de flèches aiguës ou le pauvre Jésus qui tombe en marchant sur sa croix* », dont elle regarde les images au lieu de suivre la messe. Surtout, « *les comparaisons d'époux, d'amant céleste et de mariage éternel qui reviennent dans les sermons lui soulevaient au fond de l'âme des douceurs inattendues* ». Pour le dire nettement, Emma adolescente ne s'émeut au vocabulaire mystique (le Christ étant censé être l'époux céleste des religieuses) que parce qu'il éveille en elle de vagues émotions érotiques.

Les lectures profanes d'Emma la conduisent également à des rêveries amoureuses. Par l'intermédiaire de la lingère du couvent, la jeune fille découvre en effet la littérature d'inspiration romantique et ses clichés. Ces livres la font rêver d'amour sur fond de dépaysement historique, de pittoresque, d'aristocratie enfin. Le narrateur se montre très ironique avec les clichés contenus dans cette (sous-) littérature (« *les keepsakes* ») et en révèle la vanité par le jeu des accumulations (« *ce n'étaient qu'amours, amants, amantes, dames persécutées s'évanouissant dans des pavillons solitaires, postillons qu'on tue à tous les relais, chevaux qu'on crève à toutes les pages, forêts sombres, troubles du cœur, serments, sanglots, larmes et baisers, nacelles au clair de lune, rossignols dans les bosquets, messieurs braves comme des lions, vertueux comme on ne l'est pas, toujours bien mis et qui pleurent comme des urnes.* » (p. 66). Ce passage est comique par son rythme endiablé, évoquant l'action tout aussi folle des romans d'Emma. Il l'est également par l'accumulation d'éléments extraordinaires et par la répétition formant allitération, « *amours, amants, amantes* », qui insiste sur l'idée fixe d'Emma. Est comique enfin le passage, vers la fin de l'extrait, au langage plus familier et formant un commentaire du narrateur (« *comme on ne l'est pas* »).

Ainsi, on peut dire que tout dans l'éducation d'Emma a contribué à faire son malheur futur. En effet, jamais la vie ne pourra satisfaire ses attentes. On peut, en effet, déduire de cette double éducation, par les religieuses et par les livres, le besoin d'émotions fortes qui poussera Emma à prendre des amants et la soif de luxe qui la conduira à s'endetter.

La question se pose de savoir si Flaubert a remis en cause l'éducation pour les filles issues d'un milieu relativement modeste. Ce n'est sans doute pas le cas. En revanche, il est certain qu'il condamne les clichés religieux et romantiques dont s'abreuve Emma. Surtout, il critique l'attitude de consommatrice de romans de la future Madame Bovary, incapable d'avoir le moindre recul raisonné par rapport aux âneries qu'elle dévore. Enfin, en tant qu'écrivain soucieux du style, on peut penser que Flaubert blâme également chez Emma l'incapacité à distinguer bonne et mauvaise littérature. Du reste, l'écrivain, comme l'atteste sa correspondance désirait tuer en lui le romantisme fougueux de sa jeunesse.

9. D'OÙ VIENT LA DÉSILLUSION D'EMMA À PROPOS DU MARIAGE ? (I, 7)

Emma Bovary perd très vite ses illusions à propos du mariage, qui ne comble pas ses attentes romantiques. Celles-ci, pour être comblées, auraient eu besoin d'un homme plus intelligent, plus « viril » mais aussi plus riche que Charles. La déception d'Emma est donc indissolublement amoureuse et sociale.

Emma, « *quand Charles vint aux Bertaux pour la première fois [...] se considérait comme fort désillusionnée, n'ayant plus rien à apprendre, ne devant plus rien sentir* » (p. 69). Le narrateur use évidemment d'ironie pour décrire cette « désillusion » d'une jeune fille qui n'a rien vécu. Néanmoins, on peut pourtant, d'une certaine façon, considérer qu'Emma a déjà vécu sa vie dans les livres, et que la vie réelle n'a plus rien à lui apporter. Plus précisément, elle n'attend de la vie réelle qu'une répétition de ce qu'elle a lu dans les livres, attente évidemment vaine, car les livres d'Emma servent au contraire à procurer de l'évasion à leur lectrice. Ils ne sont pas faits pour correspondre à la réalité vécue.

Si Emma décide d'épouser Charles, c'est parce qu'elle éprouve « *l'anxiété d'un état nouveau ou peut-être l'irritation causée par la présence de cet homme* » (p. 69). De fait, ses lectures, loin de lui permettre de voir plus clair en elle-même, l'ont rendue tellement avide de passion amoureuse qu'elle en est incapable de discerner ce qu'elle éprouve réellement. Elle confond éveil vague à la sexualité et « grand amour ». Aussi le lendemain du mariage est-il rude à tel point qu'elle « *ne pouvait s'imaginer à présent que ce calme où elle vivait fût le bonheur qu'elle avait rêvé* » (p. 70). Emma qui attendait l'emportement des passions se trouve dépourvue de toute sensation. Mais bientôt arrive l'ennui.

La passion amoureuse, pour Emma, aurait été indissociable du voyage et du luxe. Pour elle, on peut proprement dire que « la vie est ailleurs » (Kundera). Ainsi, sa première frustration est de ne pas avoir eu, à cause de la clientèle de Charles et de son peu de moyens financiers, un voyage de noces. Ses rêves à ce propos sont d'ailleurs des plus incohérents : elle songe à la fois au sud et à l'Italie (« *les clochettes des chèvres* », « *le parfum des citronniers* »), aux balcons « *des chalets suisses* » et aux « *cottage[s] écossais* » (p. 71). En effet, l'important pour Emma c'est d'être n'importe où pourvu que ce soit ailleurs. De là cette phrase du narrateur pleine d'ironie : « *il lui semblait que certains lieux sur la terre devaient produire du bonheur comme une plante particulière au sol et qui pousse mal tout autre part* » (p. 71). C'est pour cette raison qu'elle poussera Charles à quitter Tostes pour le bourg d'Yonville – même si on ne peut guère dire qu'elle gagne au change (p. 103). Ses rêves de voyages sont indissociables de rêves de luxe. Même pour « *enfermer sa tristesse* », il lui aurait fallu pour mari un lord « *vêtu d'un habit de velours noir à longues basques, et qui porte des bottes molles, un chapeau pointu et des manchettes* ! » même la mélancolie doit, pour Emma, être esthétique, et donc correspondre au modèle qu'en ont tracé ses romans puisqu'elle les prend pour la référence absolue du bon goût. Les livres lus par Emma lui ont aussi appris que le bonheur est inséparable d'un mode de vie aristocratique. Or la paysanne Emma est devenue par son mariage, une petite-bourgeoise – Charles est officier de santé, c'est-à-dire presque médecin mais elle rêve de noblesse.

En outre, Charles déçoit Emma parce qu'il n'est pas assez « viril » à ses yeux, ce qui signifie qu'il ne correspond pas au stéréotype du héros romanesque : « *il ne savait ni nager ni faire des armes ni tirer le pistolet, et il ne put un jour lui expliquer un terme d'équitation qu'elle avait rencontré dans un roman.* ». Là intervient le péché majeur de Charles : il est incapable de l'éclairer sur l'univers des romans. Or, si Baudelaire a noté chez Emma des traits masculins (question et réponse 5), celle-ci n'est nullement une féministe avant la lettre. Elle attend avant tout d'un homme qu'il l'éblouisse et son désappointement s'exprime en des termes nets : « *Un homme, au contraire ne devait-il pas tout connaître, exceller en des activités multiples, vous initier aux énergies de la passion, aux raffinements de la vie, à tous les mystères ? Mais il n'enseignait rien celui-là, ne savait rien, ne souhaitait rien* » (p. 72). La grande désillusion d'Emma, c'est de se découvrir intellectuellement supérieure à son mari, ou du moins de croire qu'elle l'est.

10. QUELLES SONT LES IMPRESSIONS FORTES D'EMMA LORS DU BAL À LA VAUBYESSARD ?

Le bal à la Vaubyessard marque une étape décisive dans la vie d'Emma. En lui mettant sous les yeux le monde de l'aristocratie et du luxe, il la rend définitivement incapable de se contenter de sa vie de petite-bourgeoise. Pourtant, Emma, lors du bal à la Vaubyessard n'arrive guère à s'intégrer à cette aristocratie qui l'éblouit…

Alors qu'Emma commence à ressentir l'ennui de s'être mariée, Charles et elle sont invités au château de la Vaubyessard, chez le marquis d'Andervilliers, à l'occasion d'un bal. Pour Emma, tout se présente au château comme dans un rêve, car elle croit y découvrir la vie d'amour et de luxe qu'elle avait pressentie dans les romans de sa jeunesse.

Tout d'abord, dès qu'Emma entre dans la salle de jeu du château, elle aperçoit « *sur la boiserie sombre du lambris, de grands cadres dorés [qui] portaient, au bas de leur bordure, des noms écrits en lettres noires* » (p. 81) Ces cadres contiennent les portraits des ancêtres de la famille d'Andervilliers, tous morts en aristocrates, c'est-à-dire au combat. Emma peut donc rêver sur ce prestige d'une famille qui, remontant au moins au XVIe siècle, d'après les portraits, lui rappelle sûrement les nobles héros des romans de Walter Scott, livres qu'elle a lus avec tant d'intérêt.

De plus, l'ameublement, le personnel (la première chose que fera Emma en rentrant chez elle le lendemain, ce sera de renvoyer sa domestique), et les plats du dîner paraissent aux yeux naïfs d'Emma le comble du luxe. Aussi « *le sucre en poudre même lui parut plus blanc et plus fin qu'ailleurs* » (p. 82). Les conversations semblent mystérieuses et raffinées. On parle notamment de cette Italie qui la fait tant rêver.

Enfin, le château lui semble le temple de la galanterie lorsqu'elle « *vit la main d' [une] jeune dame qui jetait dans [le] chapeau [d'un monsieur] quelque chose de blanc plié en triangle* », probablement un billet doux ou une invitation. (p. 85).

Du reste, nous voyons la majeure partie de la scène par les yeux éblouis d'Emma.

Cette femme accoutumée à ne distinguer que des paysans ou des petits-bourgeois croit avec une subjectivité naïve que tous les nobles se ressemblent. Ainsi, pour elle « *leurs habits, mieux faits, semblaient d'un drap plus souple, et leurs cheveux ramenés en boucles vers les tempes, lustrés par des pommades plus fines. [...] Ceux qui commençaient à vieillir avaient l'air jeune tandis que quelque chose de mûr s'étendait sur visage des jeunes* » (p. 84). Cependant, l'admiration même d'Emma révèle qu'elle n'est pas à sa place dans ce nouveau milieu auquel elle aspire pourtant.

Avant le début du bal, Emma tente d'établir une distance entre Charles (« *reste à ta place* ») (p. 79) et elle. Il n'est qu'officier de santé de village et elle, bien que son épouse, pense pouvoir prétendre à mieux. Aussi lui défend-elle de danser à la fois par peur du ridicule (Charles risquerait d'être pataud) et par souci de ne pas danser avec lui. Emma, pourtant, se montre, elle aussi, novice dans ce monde dont elle relève les usages (« *Mme Bovary remarqua que plusieurs dames n'avaient pas mis leurs gants dans leurs verres* ») (p. 81). De même, son roman avec le vicomte qui l'invite pour la valse tourne-t-il court : « *Emma ne savait pas valser* » et bien que le vicomte lui assure être capable de la guider, « *en passant près des portes, la robe d'Emma, par le bas, s'ériflait au pantalon, leurs jambes entraient l'une dans l'autre [...].* » (p. 86) jusqu'au moment où Mme Bovary « *faillit tomber* ». Le vicomte ne semble pas désireux de nouer des relations avec sa cavalière maladroite et il préfère se tourner vers une autre qui « *savait valser celle-là* » (p. 87). Emma reste donc condamnée à fixer le beau couple du vicomte et de sa nouvelle partenaire. Si elle continue jusqu'à la fin de sa vie à rêver du vicomte, on peut être sûr que la réciproque n'est pas vraie. Ce qu'Emma découvre, au bal de la Vaubyessard, c'est le lien entre amour et luxe, c'est tout un monde auquel elle aspirera désormais sans jamais pouvoir l'atteindre.

Du reste, ce monde correspond-il vraiment à ce que croit en percevoir Emma qui n'en a pas les codes ? Les nobles de la Vaubyessard semblent avoir des aspirations tout aussi prosaïques que les bourgeois. Les Bovary ne sont pas invités au bal grâce au seul charme d'Emma mais surtout parce que le marquis d'Andervilliers a des ambitions électorales qui l'obligent à plaire aux bourgeois. La noblesse ne forme pas un monde à part dans la société de son temps. Le vieux duc de Laverdière qui « *avait vécu à la Cour et couché dans le lit des reines !* » fascine certes Emma, mais il apparaît comme une sorte de fantôme dérisoire d'un temps révolu.

Au bal de la Vaubyessard, Emma découvre la noblesse. Mais elle n'est pas capable de lire les signes qui lui indiquerait que cette classe s'est dégradée par rapport à l'image de ses romans. D'autre part, elle n'en possède pas suffisamment les codes pour s'y intégrer. Ainsi, il ne reste du bal qu'un cruel regret.

11. QUE REPRÉSENTE LA VILLE SUR UN PLAN IMAGINAIRE POUR EMMA ? (I, 9)

Tandis que la campagne où elle vit est pour Emma le lieu d'un interminable ennui, la ville – et en particulier la ville par hyperbole qu'est Paris – se trouve représenter le lointain paradis des délices imaginaires.

Déjà lorsqu'elle était au couvent, Emma, qui, pourtant, a donné avec passion dans tous les clichés des poètes romantiques, a refusé de suivre ces derniers sur un point : leur adoration de la nature. En effet, la campagne lui était trop familière pour lui inspirer des rêveries à son propos : « *elle connaissait trop la campagne ; elle savait le bêlement des troupeaux, les laitages, les charrues.* » (p. 65) Elle ne peut rêver de la nature qu'elle connaît car son travers est précisément de fantasmer sur des images livresques de réalités qu'elle ignore. C'est pourquoi, elle n'apprécie guère la calme nature normande. « *Elle n'aimait la mer qu'à cause de ses tempêtes, et la verdure seulement lorsqu'elle était clairsemée parmi les ruines* » (p. 65). La nature qui intéresse Emma, c'est uniquement celle qui peut procurer des sensations fortes et qu'elle ignore sans doute (a-t-elle vraiment vu souvent la mer déchaînée, bien que Normande ?). Dans la scène de première rencontre avec Léon (II, 2), la nature devient un sujet de conversation type voire un lieu commun, aucun des deux ne voulant se montrer moins romantique que l'autre dans ses propos.

La ville, au contraire, est, sans ambiguïté, l'objet de la fascination d'Emma. Après le bal de la Vaubyessard et les rêves mélancoliques qui s'ensuivent, la ville, et plus précisément Paris, qui est à cette époque la Ville par excellence, grâce au prestige que lui confère son statut de capitale politique et culturelle, obsède Emma. Tout d'abord, Paris apparaît à Emma comme la capitale de l'amour. C'est à Paris que le Vicomte, objet de tous les fantasmes d'Emma, doit loger. C'est à Paris que sa rêverie doit le poursuivre. C'est ainsi que la capitale devient peu à peu le point nodal de toutes ses rêveries : « *Elle était à Tostes. Lui, il était à Paris, maintenant, là-bas ! Comment était-ce Paris ? Quel nom démesuré ! Elle se le répétait à demi-voix pour se faire plaisir ; il sonnait à ses oreilles comme un bourdon de cathédrale ; il flamboyait à ses yeux jusque sur l'étiquette de ses pots de pommade.* » (p. 91) Le seul nom de Paris embellit le quotidien d'Emma (ses pots de pommade viennent de maisons établies dans la capitale). En même temps, il en souligne, par contraste, la médiocrité.

En outre, le lien qui s'instaure dans la tête d'Emma entre la province où elle vit et Paris est un lien entre le proche et le lointain. Paris, c'est ce qui s'oppose radicalement à Tostes. Emma n'y a jamais été, elle qui ne connaît comme ville que Rouen. Cependant, « *la nuit quand les mareyeurs, dans leurs charrettes, passaient sous ses fenêtres en chantant la Marjolaine, elle s'éveillait et, écoutant le bruit des roues ferrées qui, a la sortie du pays, s'amortissait vite sur la terre :*

– Ils y seront demain ! se disait-elle [...] » (p. 92)

Pour Emma, Paris est surtout la ville des lectures puisqu'elle ne la connaît que par ses romans. Elle est le lieu du rêve où réalité et idéal, selon elle, coïncident. C'est pourquoi elle s'achète une carte de la capitale et, en même temps, dévore les romans qui s'y déroulent. Contrairement aux livres de sa jeunesse, les ouvrages qu'elle avale à présent sont plutôt de bonne, voire de très bonne qualité : Eugène Sue, George Sand et surtout Balzac. Balzac, du reste, a fortement thématisé, dans *la Comédie humaine*, l'opposition entre la ville et la province. Mais Emma ne tire aucun enseignement de ses lectures parce qu'elle n'y cherche que des émotions et du divertissement, « *des assouvissements imaginaires pour ses convoitises personnelles* » (p. 92)

Aussi, Madame Bovary, ne cherchant dans la littérature, mise sur le même plan que les magazines féminins, que des images fortes, des modèles d'ameublement et des conseils de mode ne retient de ses lectures, une fois encore, que des clichés caricaturaux. Paris est réduit à l'image de capitale du luxe aristocratique. Ainsi « *Paris, plus vague que l'Océan, miroitait donc aux yeux d'Emma dans une atmosphère vermeille. La vie nombreuse qui s'agitait en ce tumulte y était cependant divisée par parties, classées en tableaux distincts* »

(p. 93) Suit une énumération loufoque et caricaturale des différentes classes riches. Par exemple, *« les hommes, capacités méconnues sous des dehors futiles, crevaient leurs chevaux par parties de plaisir* [...] » (p. 93). Ce qui est comique ici, c'est l'emploi de l'imparfait d'habitude : crever un cheval n'est certainement pas, même dans la noblesse une action indéfiniment renouvelée...

En montrant que même dans les meilleurs romans de l'époque, Emma ne sait retenir de Paris que des clichés, Flaubert est cruel pour son personnage principal. En même temps, il n'est pas tendre non plus à l'égard de ses collègues, à l'égard notamment de Balzac. Les clichés pris par Emma pour argent comptant sont en effet tous présents dans *La Comédie humaine,* même si Balzac ne s'est pas contenté de cette vision tronquée de Paris. C'est chez cet écrivain, cependant, qu'il est courant de voir des femmes du monde se lever à 4 heures de l'après-midi ou des nobles épouser, la quarantaine venue, des héritières... On peut donc se demander si ce passage n'est pas un défi de Flaubert à son glorieux aîné Balzac : contre ce dernier, il affirme sa propre prétention à un réalisme plus proche de la vraisemblance quotidienne.

12. EN QUOI LA SCÈNE DE LA RENCONTRE ENTRE EMMA ET LÉON CONSTITUE-T-ELLE UNE CRITIQUE DU ROMANTISME ? (II, 2)

Léon et Emma Bovary se rencontrent le soir de l'arrivée des Bovary à Yonville, au cours d'un dîner au Lion d'Or, en présence de Charles et de M. Homais, le pharmacien. Or, tandis que Léon et Emma, ravis de découvrir en l'autre leur âme sœur idéale, enchaînent les poncifs romantiques, le contrepoint fourni par la conversation de Charles et Homais, brutalement triviale, révèle la nature caricaturale des clichés romantiques.

La juxtaposition de la conversation de Léon et Emma avec celle de Charles et Homais produit dès l'abord un effet de décalage comique. En effet, tandis que les premiers alignent les clichés à prétentions poétiques, les seconds, et notamment M. Homais, dissertent sur des sujets triviaux ou à visées scientifiques. Les deux conversations divergent, puis, par moments, se rejoignent, produisant ainsi un résultat incongru. Ainsi, tandis qu'Emma et Léon soupirent « *Le dérangement m'amuse toujours ; j'aime à changer de place* » ou « *C'est une chose si maussade que de vivre toujours cloué aux mêmes endroits* ! », sacrifiant ainsi au rêve romantique du voyage, Charles réplique « *Si vous étiez comme moi [...] sans cesse obligé de vivre à cheval...* », faisant allusion aux réalités quotidiennes de son métier. En somme, Léon et Emma se veulent des personnages romantiques alors que Charles est un personnage réaliste. C'est le choc entre les deux qui produit un effet comique.

Du reste, Charles et M. Homais poursuivent leur conversation, ancrant ainsi très fortement la scène dans la réalité yonvillaise. Homais, en tant que pharmacien, se croit obligé de présenter la ville en énumérant d'abord les maladies qui y sévissent, puis en évoquant les conditions climatiques. Il enchaîne ainsi les bêtises à prétentions savantes, usant de nombreux termes pédants, de vocabulaires spécialisés qui font sourire par leur accumulation inintelligible et, enfin, affirme doctement quelques sottises (notamment à propos des vents de Russie qui reviennent en passant sur la Seine).

À côté de Charles et Homais, Emma et Léon poursuivent leur conversation. Eux aussi alignent les âneries et les poncifs, mais ceux-ci se veulent romantiques. Ils se comprennent à demi-mot parce qu'ils appartiennent, ou plutôt veulent appartenir, au même univers. Ainsi lorsque Léon évoque la promenade de la Pâture (le nom, évoquant le bétail, s'avère comique et peu en accord avec les prétentions romantiques de Léon) où il se rend à la tombée du jour, Emma relève tout de suite sa remarque et poursuit sur le charme de la mer au soleil couchant... De fait, dans leur conversation, tous les poncifs défilent : mer, montagne, musique allemande, italienne. Flaubert a écrit un *Dictionnaire des Idées reçues* où il dénonce les automatismes de pensée bourgeois. Ici, Emma et Léon constituent, par l'enchaînement même de leurs idées, un *Dictionnaire des*

Idées reçues romantiques. Parfois, leurs associations d'idées sont franchement cocasses : ainsi envisagent-ils le cas d'un « *musicien célèbre qui pour exciter mieux son imagination avait l'habitude d'aller jouer du piano devant quelque site imposant* » (p. 122) Même si la légende raconte que le compositeur et pianiste Frantz Liszt avait cette habitude, le tableau est pour le moins improbable...

D'ailleurs, ce tableau est bien vite interrompu par Homais qui, tout en voulant flatter Léon en le présentant comme un bon chanteur de mauvais airs à la mode, achève ainsi de le dégrader aux yeux du lecteur. Emma, elle, ne s'aperçoit de rien et continue sa conversation avec autant de naïveté.

Au reste, le lecteur, pendant toute cette scène de première rencontre entre Emma et son futur amant, ignore le point de vue de la jeune femme. De même que pendant toute la scène de première rencontre avec Charles, on n'avait que le point de vue de Charles, de même, cette scène n'est donnée que du point de vue de Léon. On ne sait pas ce qu'Emma pense du jeune homme. En revanche, dès le début de la scène, Léon observe que Madame Bovary « *tendit à la flamme, par-dessus le gigot qui tournait, son pied chaussé d'une bottine noire* » (p. 119). En effet, Léon fait preuve d'un certain fétichisme du pied qui s'avérera lorsque, Emma devenue sa maîtresse, il l'admirera avec ses « *pantoufles en satin rose, bordées de cygne* » (p. 342). Emma est donc avant tout l'objet du désir masculin (celui de Charles, celui de Léon). Plus on avance dans le roman, moins ces désirs sont respectueux. Bientôt, ce sera celui de Rodolphe, dans toute sa brutalité.

13. QUI EST M. HOMAIS ?

Si Emma représente l'aspiration romantique dans le roman, M. Homais, le pharmacien de Yonville, porte les couleurs du positivisme réaliste de son siècle. Il n'est certes pas le héros de *Madame Bovary;* cependant, une large place a été accordée à ses tirades et l'ouvrage s'achève, du reste, sur son triomphe.

Enfin, son nom même, Homais, tiré par Flaubert du latin *Homo*, l'homme, doit achever de nous convaincre de son importance dans l'économie du livre. Homais est le bourgeois dans toute sa bêtise, pour Flaubert, c'est-à-dire, selon l'écrivain, l'homme du XIXe siècle par excellence.

M. Homais intervient dès l'arrivée des Bovary à Yonville. Il sera, par la suite, omniprésent dans leur vie. Dès la description d'Yonville, « *Ce qui attire le plus les yeux, c'est, en face de l'auberge du Lion d'or, la pharmacie de M. Homais !* ». Elle se recommande, en effet, aux regards par ses couleurs criardes (vert et rouge) et par l'omniprésence de son propriétaire : on le voit « *accoudé à son pupitre* » ; on lit son nom « *sur l'enseigne qui tient toute la largeur de la boutique* » et à nouveau sur la porte vitrée « *en lettres d'or sur un fond noir* ». (p. 110) On peut noter ici toute la naïve suffisance du personnage. De plus, le contenu même de sa boutique (produits de pharmacie) tendrait à le ravaler au rang de personnage comique, car il s'agit de drogues liées aux corps, à la digestion, etc. Même les produits qui ont un prestige d'exotisme tel le « *racahout des Arabes* » sert aux besoin du corps, ce qui, dans la tradition de Rabelais ou surtout de Molière, est considéré comme bas et donc comique.

Dès que M. Homais intervient en personne, et non plus par le biais de sa pharmacie, l'accent est mis sur « *sa figure [qui] n'exprimait rien que le contentement de soi* » (p. 112). M. Homais est donc stupide, au sens où la stupidité réside dans la confiance. Pour Flaubert, la bêtise consiste à vouloir conclure. Or M. Homais ne cesse de vouloir conclure en présentant les opinions les plus arrêtées sur tout.

D'abord, M. Homais croit au progrès. Il applique sa croyance avec fanatisme à tout et n'importe quoi, y compris au billard de Mme Lefrançois, l'aubergiste du Lion d'Or, le déclarant passé de mode. Ce qui souligne le mieux l'intolérance bornée d'Homais, c'est son opposition au curé Bournisien, qui est tout aussi fanatique en son genre que le pharmacien. C'est pourquoi, dès la première apparition d'Homais, Flaubert tient à le confronter à son adversaire religieux : tous deux sont complémentaires. Le curé, venu rechercher son parapluie à l'auberge du village, se voit accusé, parce qu'il refuse du vin, de « *godailler* » (faire des excès de table) par le pharmacien.

M. Homais en profite pour faire à l'aubergiste sa profession de foi où traînent tous les clichés des Lumières : « *Je crois à l'Être suprême, à un Créateur quel qu'il soit peu m'importe, qui nous a placés là pour y remplir nos devoirs de citoyens et de pères de famille* » (p. 116). Le comique naît ici du « *quel qu'il soit* » alors même que Homais vient de définir son Être suprême… En outre, on note que cet Être suprême est bien bourgeois, se préoccupant des pères de famille…

Du reste, M. Homais semble d'abord suivre ses principes en se comportant comme « *le meilleur des voisins* ». Pourtant, le lecteur découvre que, derrière ces gentillesses, le pharmacien a tramé un plan. En effet, il pratique illégalement la médecine, c'est-à-dire qu'il fait concurrence à Charles et veut, pour cette raison, l'amadouer, car, convoqué une fois pour se faire sermonner à Rouen, il entrevoit « *des culs de basse-fosse, sa famille en pleurs, la pharmacie vendue, tous les bocaux disséminés* » (p. 128). Ce qui est comique ici, c'est que, si l'on suit l'usage qui veut que l'on aille dans une énumération du moins grave au plus grave, ce qui effraie les plus Homais, c'est la perte de ses bocaux. Il apparaît ainsi comme un monomaniaque de la pharmacie. Plus sérieusement, on note que, pour le bourgeois du XIXe siècle qu'il est, la famille est une marque parmi d'autres de la réussite sociale et qu'il vaut mieux se perdre que de perdre son statut.

En fait, on pourrait lire tout un pan de *Madame Bovary* comme le stratagème réussi de M. Homais le pharmacien pour supplanter Charles Bovary le médecin. Il s'agit en quelque sorte du triomphe de l'incompétence et de la sottise inhumaine (Charles n'étant lui-même guère compétent…).

14. QUELLE EST L'IMAGE DU PEUPLE DANS LE ROMAN ? (II, 3 ; II, 8 ; III, 6)

C'est dans les romans du XIXe siècle que le peuple est, pour la première fois, représenté sérieusement, sans intention comique systématique. *Madame Bovary* est un roman dont les personnages principaux appartiennent à la petite bourgeoisie. Cependant, on voit apparaître en arrière-fond des paysans pauvres, des servantes, des domestiques. Flaubert peint sans faire de concessions leur misère, et aussi leur avidité, mais il use néanmoins souvent d'empathie et c'est dans le personnage d'un petit domestique, Justin, amoureux d'Emma, que se retrouve la passion qu'éprouva Flaubert, dans sa jeunesse, pour une femme plus âgée.

Flaubert n'hésite pas à montrer le peuple dans tout son dénuement, notamment dans la scène de la visite d'Emma à la mère Rolet (II, 3), paysanne pauvre et nourrice de la petite Berthe, la fille des époux Bovary. Cette scène ressemble beaucoup à une autre scène de nourrice, racontée dans *Le médecin de campagne*, de Balzac. Balzac et Flaubert font une description très réaliste de la misère qui règne chez la nourrice. Balzac se livre à la description suivante : « *Le sol servait de plancher à la maison. À la longue, la terre, primitivement battue, était devenue raboteuse, et, quoique propre, elle offrait en grand les callosités d'une écorce d'orange. Dans la cheminée était accroché un sabot plein de sel, une poêle à frire, un chaudron, Le fond de la pièce se trouvait rempli par un lit à colonnes, garni de sa pente découpée. Puis, çà et là, des escabelles à trois pieds, formées par des bâtons fichés dans une simple planche de fayard, une huche au pain, une grosse cuiller en bois pour puiser de l'eau, un seau et des poteries pour le lait, un rouet sur la huche, quelques clayons à fromages, des murs noirs, une porte vermoulue ayant une imposte à claire voie, tels étaient la décoration et le mobilier de cette pauvre demeure* ». Le lecteur pourra se reporter à la description de la chaumière de la mère Rolet (p. 134- 135) par Flaubert pour constater le parallélisme entre les deux textes. En effet, il vaut la peine de citer ce long extrait de Balzac car Flaubert le connaissait, craignait la ressemblance et affirmait, dans sa correspondance que sa page à lui, Flaubert, était « *infiniment mieux écrite* ». Il y a donc ici une réécriture de Balzac par Flaubert.

Cependant, Flaubert n'idéalise, pas, contrairement à Balzac, le personnage de la nourrice. La mère Rolet vit effectivement dans la misère, mais il est vrai également qu'elle se montre avide. Lorsque Emma sort de chez la nourrice de sa fille, dégoûtée dans ses velléités maternelles par le vomissement de Berthe, la nourrice la poursuit pour lui réclamer mille objets sous des prétextes de plus en plus fallacieux (on passe d'achats qui concerneraient directement la petite Bovary à des achats moins motivés comme de l'eau de vie et du café pour… le père Rolet). À la fin du roman, la mère Rolet « *réclama le port d'une vingtaine de lettres* » à Charles pourtant ruiné (p. 430). Ainsi, les rapports entre petite bourgeoisie et classes laborieuses s'établissent-elles sous le signe de l'exploitation réciproque. Plus précisément, les pauvres grugent les bourgeois qui les exploitent.

Pourtant, toutes les figures du peuple ne sont pas sur ce modèle. Il en est de purement innocentes. Par exemple, on peut penser à Catherine-Nicaise-Elisabeth Leroux, servante de ferme, récompensée pour un « *demi-siècle de servitude* » par une médaille de vingt-cinq francs aux Comices agricoles. La scène est très cruelle, car la servante est *« une petite vieille femme de maintien craintif et qui semblait se ratatiner dans ses pauvres vêtements »* (p. 204). Elle se montre très impressionnée par tous ces bourgeois prospères, qui veulent la décorer pour ses services, après s'être congratulés eux-mêmes pour leur bétail. L'assemblée des bourgeois ne manifeste, de plus, aucune patience vis-à-vis de la malheureuse : le maire, Tuvache, lui hurle « *Êtes-vous sourde ? […] en bondissant sur son fauteuil* » (p. 205) parce qu'elle ne réagit pas assez vite. Enfin, lorsqu'elle déclare, en regardant sa médaille de vingt-cinq francs : « *Je la donnerai au curé de chez nous pour qu'il me dise des messes.* », Homais met le comble à la condescendance en la traitant devant les autres bourgeois de fanatique.

Misérable, ignorant, mais souvent avide, le peuple n'est pas exclu du pessimisme universel de Flaubert. Il y a cependant une exception : Justin, le domestique de Homais. Admirant les longs cheveux de Madame Bovary et brossant avec vénération ses bottes vernies, préparant sa chambre avec plus de soin qu'une cameriste, le jeune homme est le seul personnage du roman (peut-être avec Charles, mais en moins bête) à aimer Emma d'un amour pur (bien qu'il ne soit pas tout à fait innocent et lise des traités de médecine évocateurs). Pourtant, ce personnage positif est à l'origine de la mort d'Emma puisque c'est lui qui, (I, 8) ouvre à Madame Bovary le capharnaüm d'Homais et lui laisse y manger l'arsenic qui la tue. Façon, pour Flaubert, de montrer que nul n'est innocent ou que même des êtres purs peuvent être les agents du mal ? Seul avec Charles, Justin regrette Emma. « *Sa poitrine, brisée par les sanglots, haletait dans l'ombre, sous la pression d'un regret immense, plus doux que la lune et plus insondable que la nuit.* » (p. 430).

15. QUEL RÔLE L'ARGENT JOUE-T-IL DANS LA FAÇON DONT LA NARRATION EST MENÉE ? (II, 5 ; III, 6)

Donner un rôle de premier plan à l'argent est caractéristique des romans dits réalistes (toute l'œuvre de Balzac en témoigne et notamment ses romans les plus connus, *Eugénie Grandet* et *le Père Goriot*) et naturalistes (on peut penser à des romans de Zola comme *La Curée*). *Madame Bovary* s'inscrit pleinement dans cette perspective. L'argent y joue un rôle moteur à deux titres. D'abord, l'absence d'argent contribue à dégoûter Emma de son milieu et, en particulier, de son mari. Ensuite, c'est en empruntant à Lheureux pour acquérir des babioles de plus en plus coûteuses qu'Emma s'engage dans un mécanisme infernal qui la conduira au suicide.

Dès son installation chez Bovary, Emma se montre soucieuse d'embellir son intérieur de Tostes : « *elle retira les globes des flambeaux, fit coller des papiers neufs, repeindre l'escalier et faire des bancs dans le jardin, tout autour du cadran solaire* » (p. 60).

Cependant, se rendant compte que son manque d'argent vient borner ses désirs, elle abandonne ses projets. Le bal à la Vaubyessard, surtout, lui ayant fait entrevoir le vrai luxe, la désespère. C'est ainsi que vers la fin de son séjour à Tostes « *elle, en effet, si soigneuse autrefois et délicate, elle restait à présent des journées entières sans s'habiller, portait des bas de coton, s'éclairait à la chandelle [*et non à la bougie, de meilleure qualité*] Elle répétait qu'il fallait économiser, puisqu'ils n'étaient pas riches [...].* » (p. 101)

Les relations d'Emma avec l'usurier Lheureux sont distantes au début. Tout se passe comme si quand Emma se sent maîtresse de ses relations amoureuses, elle pouvait tenir Lheureux éloigné. En revanche, c'est lorsqu'elle se sent amoureuse de Léon et refuse de céder, que « *les appétits de la chair, les convoitises d'argent et les mélancolies de la passion, tout se confond [...] dans une même souffrance* » (p. 153) et qu'elle commence à écouter les sirènes de l'achat à crédit, s'offrant écharpes algériennes et prie-Dieu gothique (p. 174) Emma commence à établir une équation entre vertu conjugale et petites compensations, notamment vestimentaires et mobilières.

Du reste, la nature diabolique de Lheureux, l'homme-argent, est révélée au moment de la scène des comices agricoles, c'est-à-dire au moment où Rodolphe déclare sa flamme à Emma. C'est là que Madame Lefrançois, l'aubergiste, raconte à Homais que son concurrent Tellier a été « *assassiné de billets* » par l'usurier qualifié par elle d'« *enjôleur* », de « *rampant* » (allusion au serpent biblique). C'est alors que, comme par un effet de travelling, le regard d'Homais et Madame Lefrançois se porte sur Emma : le lecteur est invité par ce procédé à reconnaître la prochaine victime de Lheureux.

Moins Emma maîtrise ses amours, moins elle maîtrise ses dépenses : c'est cette course qui est le moteur même du roman. Lheureux, en tant qu'usurier, compte donc sur le temps pour faire travailler son argent et accroître son bien. À partir de la deuxième partie du roman, le temps est un agent de l'histoire qui précipite la fortune de Lheureux et donc la ruine puis le suicide d'Emma. Ainsi, par une image savoureuse, l'usurier, lorsqu'il prête de l'argent à Charles pendant la maladie d'Emma, espère « *que son pauvre argent, s'étant nourri chez le médecin comme dans une maison de santé, lui reviendra [...], un jour, considérablement plus dodu, et gros à faire craquer le sac.* » Ce passage, donné du point de vue de l'usurier est certes cocasse (par l'oxymore affectueux « *pauvre argent* » et par l'évocation de la « *maison de santé* » à propos du médecin) (p. 277). Néanmoins, il convient d'y voir clair dans le jeu de Lheureux et ce jeu est sinistre.

En effet, Lheureux représente un personnage de tentateur face à la nouvelle Ève qu'est Emma. Le tentateur par excellence, dans la Bible, c'est le Diable. Au moment où il écrivait *Madame Bovary*, Flaubert s'est beaucoup intéressé au *Faust* de Goethe, pièce qui raconte l'histoire d'un savant qui, pour accroître son savoir et sa jouissance, pactise avec le démon. D'autre part, avant de commencer son roman, Flaubert avait écrit une *Tentation de Saint Antoine*, histoire d'un saint ermite tenté par le diable au désert, que ses amis lui avaient conseillé d'abandonner. Comme Faust, Emma veut accroître sa jouissance. Comme lui, elle pactise avec le démon. Lheureux tire profit de l'avidité d'Emma en lui prêtant de l'argent, lui faisant entrevoir « *tout un horizon de fantaisies réalisables* » (p. 352) ; il profite également de sa luxure (en lui fournissant des cadeaux pour ses amants), de son orgueil (en lui proposant de quoi se faire des robes toujours plus élégantes). Enfin, tel le diable qui rampe et flatte jusqu'au moment où il peut se redresser et emmener l'âme damnée aux enfers, Lheureux déclare à Emma venue, à bout de ressources, le supplier : « *Pensiez-vous, ma petite dame, que j'allais jusqu'à la consommation des siècles, être votre fournisseur et banquier pour l'amour de Dieu* ? » (p. 374). Le manque d'argent sonne l'heure de la damnation.

Du reste, la fin du roman montre le triomphe de l'argent et celui de Lheureux, désormais en position de faire concurrence à Madame Lefrançois.

16. QUEL EST LE MALENTENDU ENTRE EMMA ET LE CURÉ BOURNISIEN ? (II, 6)

Ne supportant plus sa vie avec Charles, se sentant amoureuse de Léon, Emma cherche en dernier recours à se confier au curé Bournisien. Mais, tandis qu'elle tente d'évoquer les tourments qu'elle suppose spirituels, le curé, incapable de la comprendre, lui répond en évoquant les peines bien matérielles de ses paroissiens. Flaubert produit ainsi un effet d'un comique grinçant destiné à souligner la solitude d'Emma.

Pour Emma, la religion a toujours représenté une sorte d'exutoire offert aux âmes d'exception dont elle estime faire partie. Elle est également liée à toutes les vagues rêveries de sa jeunesse. Aussi, lorsqu'elle se sent tentée – au sens chrétien du terme – par Léon, il est logique que Madame Bovary espère recevoir les secours du ciel. Cependant, le cadre n'est, dès l'abord, guère propice au mysticisme… La prière de l'Angélus, par exemple, est sonnée *« selon la commodité »* de Lestiboudois, le fossoyeur et jardinier, qui ne veut pas perdre une seule occasion de travailler… et de se faire du profit, péchant ainsi par avarice.

De même, le curé est présenté plus haut par l'aubergiste comme un athlète *(« Il en plierait quatre comme [Homais] sur son genou. Il a, l'année dernière, aidé nos gens à rentrer la paille ; il en portait jusqu'à six bottes à la fois tant il est fort ! »* p. 116) Ce portrait n'est guère celui d'un mystique éthéré. On note, en outre, la naïveté de l'aubergiste pour qui la force physique du curé est une preuve de sa supériorité morale.

Si Emma, plus jeune, pouvait nourrir de vagues rêveries à l'endroit des prêtres, le curé Bournisien semble fait pour les décourager toutes : son portrait est celui d'un pauvre curé de campagne, qui ne refuse pas, de surcroît, les plaisirs terrestres à la portée de sa bourse : *« La lueur du soleil couchant, qui frappait en plein son visage, pâlissait le lasting de sa soutane, luisante sous les coudes, effiloquée par le bas. Des taches de graisse et de tabac suivait sur sa poitrine large la ligne des petits boutons, et elles devenaient plus nombreuses en s'écartant de son rabat où reposaient les plis abondants de sa peau rouge : elle était semée de macules jaunes qui disparaissaient dans les poils rudes de sa barbe grisonnante. Il venait de dîner et respirait bruyamment.* » (p. 158) Bien que Flaubert ne le précise pas, il est certain que, pour cette description, nous ayons le point de vue d'Emma, déjà déçue à la vue de l'ecclésiastique.

Le dialogue qui suit est un joyau de comique cruel. Le curé, du reste, ne suit qu'à moitié les paroles d'Emma, bien trop occupé à surveiller les enfants du catéchisme qui, par leurs polissonneries (secouer la grille du cimetière, jouer dans les confessionnaux), mettent à mal la respectabilité de l'Église… Il commence, d'ailleurs, par ne pas « remettre » (reconnaître) Emma. Il ne la voit ni ne l'entend de tout le dialogue, car il poursuit le fil de son raisonnement.

Tout au long de leur conversation, Emma sollicite à demi-mot les secours du ciel. Or, le curé, qui devrait précisément avoir à cœur de les apporter, s'ingénie à n'entendre que des peines terrestres. Lorsque Emma lui dit qu'elle « *souffre* », le curé ne comprend pas qu'elle veut être écoutée. Il répond en parlant de ses propres tourments : « *Ces premières chaleurs, n'est-ce pas ? vous amollissent étonnamment. Enfin, que voulez-vous ! Nous sommes nés pour souffrir, comme dit saint Paul* » (p. 158) La référence à l'apôtre Paul, alors même que le curé est en train de répondre à Emma, qui évoquait des souffrances morales, en parlant de souffrances physiques, fait l'effet d'un automatisme comique. Il est également d'un comique grinçant que le curé Bournisien ramène sans cesse, en toute innocence, la conversation à Charles, alors que, précisément, Emma voudrait parler de ses souffrances d'épouse.

Bournisien se montre également sot lorsqu'il se déclare « *avec un rire épais* », contrairement à Charles, « *le médecin des âmes* »… juste avant d'en donner un exemple : aller exorciser des vaches ! Mais Madame Bovary n'a-t-elle pas du bovin dans son nom ? Les jeux de mots du curé témoignent également de la bêtise du bonhomme et d'une certaine servilité (faire rire son évêque en déformant le nom d'un gamin du catéchisme). Néanmoins, si la suite du dialogue témoigne toujours de la même incompréhension entre Emma et son curé, peut-être ne faut-il pas y voir, contrairement à beaucoup de commentateurs, une simple preuve de la bêtise du curé de campagne. Il est vrai qu'il ne comprend rien aux tourments qu'Emma croit spirituels, et qu'on pourrait aussi résumer à la tentation de la chair. Mais les maux du corps qu'il évoque et que connaissent les classes populaires (avoir faim, avoir froid) sont bien réels. Ne peut-on alors lire ce texte comme une critique à deux niveaux ? Au premier niveau, on aurait une caricature du curé de campagne assez borné pour conseiller « *un verre avec de la cassonade* » à une de ses ouailles en détresse. À un second niveau, on peut lire une critique du bovarysme, maladie de ceux qui ont déjà le nécessaire matériellement.

Tout au long du livre, les secours de la religion sont destinés à décevoir Emma. Quittée par Rodolphe, convalescente, elle les recherche une fois encore, en vain. La religion, dans *Madame Bovary* apparaît définitivement comme une force, certes, mais une force à la puissance déjà désuète face à la confiance de M. Homais et à l'argent de Lheureux.

17. EN QUOI LA SCÈNE DES COMICES AGRICOLES EST-ELLE COMIQUE ? (II, 8)

La scène des comices agricoles, scène de la séduction d'Emma par Rodolphe, est comique à deux titres. D'abord, Flaubert y fait jouer le contrepoint entre le discours sentimental de Rodolphe à Emma et celui du conseiller de préfecture aux Yonvillais. Ensuite, par le caractère insolite de leur rapprochement, l'écrivain souligne à quel point l'un et l'autre discours sont, chacun dans son domaine, remplis de clichés.

La scène des comices agricoles a été une des plus difficiles à écrire pour Flaubert, selon la correspondance de l'écrivain, à cause de la nécessité qu'il s'impose de faire alterner le registre trivial et le registre à prétention élevée, employé par Rodolphe pour séduire Emma. Le conseiller du préfet (le préfet ne s'est pas dérangé, ce qui donne une idée du caractère dérisoire de la cérémonie…) nommé Lieuvain (comprendre « lieu » – figure de rhétorique –vain : il ne cesse de débiter de vaines figures de discours) harangue les Yonvillais en leur faisant l'éloge de l'agriculture et surtout celui du gouvernement de Louis-Philippe. Pendant ce temps, Rodolphe tente de séduire Emma en usant des mêmes clichés romantiques que Léon dans la scène de l'auberge. Mais Rodolphe est un double dégradé de Léon, car, tandis que le clerc croyait à ses discours, Rodolphe, lui ne s'en sert que comme de filets stéréotypés pour capturer la femme romantique qu'il a devinée en Emma. Il agit en chasseur. Parallèlement, l'auditoire de Lieuvain se laisse séduire par ses lieux communs. Ainsi « *toutes les bouches de la multitude se tenaient ouvertes comme pour boire ses paroles. Tuvache, à côté de lui, l'écoutait en écarquillant les yeux ; M. Dérozerays, de temps en temps, fermait doucement les paupières ; et plus loin, le pharmacien, avec son fils Napoléon entre ses jambes, bombait sa main contre son oreille pour ne pas en perdre une seule syllabe* » (p. 199) Ces mimiques sont, bien sûr, ridicules, surtout vu la platitude du discours de Lieuvain, mais elles suggèrent, de manière parallèle l'écoute attentive de Rodolphe par Emma.

En effet, pendant ce temps, celui-ci se prétend une âme maudite et, surtout, pour mieux corrompre Emma, il fait la distinction, destinée à séduire la prétentieuse qu'elle est, entre une morale bourgeoise et une morale destinée aux âmes d'élite, et qui n'obéit qu'à la loi des passions. Le mécanisme de la séduction est, d'ailleurs, comique par son caractère inexorable, d'un comique impitoyable : les yeux de Rodolphe se fixent sur Emma comme ceux d'un serpent hypnotisant sa proie : « *Elle distinguait dans ses yeux de petits rayons d'or s'irradiant tout au long de ses pupilles noires* » (p. 201). Cédant à Rodolphe, elle cède à tous les hommes qui, du Vicomte à Léon, ont pu lui plaire.

Le monologue de Rodolphe porte sur les mystères des attractions surnaturelles, au moment même où les discours des autorités yonvillaises tournent autour des bienfaits de l'agriculture. Né de l'effet de rupture, le comique est garanti ; il souligne la bêtise et le caractère convenu des deux rhétoriques. Plus la scène avance, plus les deux discours sont entremêlés, ce qui accroît le rythme, et, par là même, le comique :

« – *À M. Bizet de Quincampoix.*
– *Savais-je que je vous accompagnerais ?*
– *Soixante et dix francs !*
– *Cent fois même, j'ai voulu partir, et je vous ai suivie, je suis resté.*
– *Fumiers.*
– *Comme je resterais ce soir, demain, les autres jours, toute ma vie !*
– *À M. Caron d'Argueil, une médaille d'or !* » (p. 203)

Le montage incongru souligne le caractère insolite des deux discours et, tandis que chacun d'entre eux pourrait trouver sa place dans un roman médiocre, la superposition des deux faits la qualité de ce passage de Flaubert qui démystifie ainsi l'un et l'autre et révèle ces assemblages de clichés.

En effet, si les deux types de discours sont différents en apparence, ils se rejoignent, par leur caractère stéréotypé. Les deux discours se déroulent de façon quasi automatique (et, selon la définition célèbre que donnera Bergson du « *comique comme mécanique plaquée sur du vivant* », cet automatisme concourt au comique). Que l'on examine, par exemple, le passage suivant : « *Remontant au berceau des sociétés, l'orateur vous dépeignait ces temps farouches où les hommes vivaient de glands, au fond des bois. Puis, ils avaient quitté la dépouille des bêtes, endossé le drap, creusé des sillons, planté la vigne. Était-ce un bien et n'y avait-il pas dans cette découverte plus d'inconvénients que d'avantages ? M. Derozerays se posait ce problème. Du magnétisme, peu à peu, Rodolphe en était venu aux affinités, et, tandis que M. le président citait Cincinnatus à la charrue, Dioclétien plantant ses choux et les empereurs inaugurant l'année par des semailles, le jeune homme expliquait à la jeune femme que ces attirances irrésistibles tiraient leur cause de quelque existence antérieure.* » (p. 202) Il est, pour le moins, cocasse de voir construits comme des réflexions suivant un ordre des assemblages de clichés. La phrase « *M. Derozerays se posait ce problème* », née de la transcription du discours direct au discours indirect libre, est, en particulier, comique puisqu'elle semble prêter une réflexion à Derozerays qui est seulement en train d'aligner des platitudes éculées depuis Rousseau. Quant à Rodolphe, il peut accumuler les poncifs sans aucun ordre autre qu'apparent puisqu'il navigue avec Emma dans les eaux du surnaturel…

Pourtant, si Rodolphe, comme Derozerays, use de poncifs, il le fait parce qu'il les sait efficaces, à défaut d'être vrais. La conclusion provisoire du discours de Rodolphe est donnée par le narrateur : « *Et il saisit sa main ; elle ne la retira pas* » (p. 202)

18. QUE S'EST-IL PASSÉ LORS DE LA PROMENADE À CHEVAL AVEC RODOLPHE ? (II, 9)

C'est lors de sa promenade à cheval avec Rodolphe qu'Emma saute, pour la première fois, en pleine forêt, le pas de l'adultère. Plus précisément, on pourrait dire qu'elle est séduite par les manigances de Rodolphe, même si elle ne s'en rend pas compte.

Le prétexte que trouve Rodolphe pour voir Madame Bovary seul à seule est de lui faire prendre de l'exercice en l'initiant aux joies de l'équitation. Charles, par bêtise, se montre particulièrement coopératif, ce qui ne manque pas de produire un effet comique, en rappelant la figure classique du cocu consentant. En effet, c'est Charles qui procure l'amazone ou costume de cheval à sa femme, ainsi qu'une jument à la fin du chapitre, afin que l'adultère puisse se renouveler au cours de nombreuses autres promenades. On n'oubliera pas, bien sûr, l'inénarrable « *Charles écrivit à M. Boulanger que sa femme était à sa disposition et qu'ils comptaient sur sa complaisance.* » En l'occurrence, c'est M. Bovary qui se montre un mari complaisant.

La description de la promenade à cheval est donnée à travers les yeux d'Emma. C'est elle qui, du haut d'une colline, juge avec mélancolie la petitesse du village où elle vit : « *Emma fermait à demi les paupières pour reconnaître sa maison, et jamais ce pauvre village où elle vivait ne lui avait semblé si petit.* » (p. 214).

Cependant, le lecteur peut, en lisant les dialogues et notamment les paroles captieuses de Rodolphe, deviner que, là où Emma voit « *les joies de l'amour, cette fièvre du bonheur dont elle avait désespéré.* » (p. 219), son partenaire, lui, ne voit qu'un plaisir de quelques mois, au plus. Plus Rodolphe avance des paroles respectueuses, moins ses intentions le sont. Lorsqu'ils entrent dans le bois, il commence par juger, de façon ridicule que l'apparition du soleil est signe que « *Dieu* [les] *protège* ». Dans une entreprise adultère ?

À cette remarque pour le moins osée, Emma se contente de répondre par un naïf « *Vous croyez ?* » Du reste, Emma est toujours aussi incapable de décrypter les signes venus de la gent masculine. « *Rodolphe jetait les yeux autour de lui et il se mordait la moustache.* » (p. 215) dit le texte : Emma est incapable de déchiffrer dans cette mimique le désir physique de Rodolphe et son envie qu'ils soient assurés d'être seuls.

Du reste, Rodolphe se conduit avec une brutalité qui contraste avec le caractère éthéré de ses discours à la mode romantique. Ainsi

« *Mais à cette phrase :*

– Est-ce que nos destinées maintenant ne sont pas communes ?

– Eh non ! répondit-elle. Vous le savez bien. C'est impossible.

Elle se leva pour partir. Il la saisit au poignet. Elle s'arrêta » (p. 216)

Au fond, Emma n'échappe au viol pur et simple (« *Alors, souriant d'un sourire étrange, et la prunelle fixe, les dents serrées, il s'avança en écartant les bras* », p. 216) que parce que Rodolphe se rend bien compte qu'il peut tout autant la séduire par d'autres moyens, et qu'il suffit de l'entraîner un peu plus loin pour qu'elle cède.

La scène de la relation charnelle à proprement parler est passée sous silence (« *elle s'abandonna* »). La seule allusion qui y est faite est une métaphore : « *Alors elle entendit tout au loin, au-delà du bois, sur les autres collines, un cri vague et prolongé, une voix qui se traînait, et elle l'écoutait silencieusement, se mêlant comme une musique aux dernières vibrations de ses nerfs émus.* » (p. 217) Ce cri sorti d'on ne sait où renvoie, bien sûr, au cri d'Emma pendant l'acte charnel. On note ici la violente différence entre les deux sexes, entre Emma encore abîmée dans le plaisir physique et Rodolphe qui, « le *cigare aux dents, raccommodait avec son canif une des deux brides cassées.* » (p. 217). Cette notation révèle l'indifférence du personnage, capable de se livrer à cet instant à des besognes très quotidiennes ; elle multiplie également les symboles phalliques (canif, cigare), sans compter que la bride indique, peut-être, qu'Emma est désormais bridée…

Enfin, il faut mentionner, à propos de ce passage, la lettre de Flaubert à son amie Louise Colet du 23 décembre 1853 : « *Aujourd'hui homme et femme tout ensemble, amant et maîtresse à la fois, je me suis promené à cheval dans une forêt, par un après-midi d'automne, sous des feuillées jaunes, et j'étais les chevaux, les feuilles, le vent, les paroles qu'ils se disaient et le soleil rouge qui faisait s'entrefermer leurs paupières noyées d'amour.* » En effet, on a l'habitude de répéter à satiété la prétendue phrase de Flaubert « *Madame Bovary, c'est moi* ». Mais en réalité, Flaubert jouait ses romans, et il en était successivement, tour à tour, tous les acteurs.

19. QUEL EST LE MALENTENDU ENTRE RODOLPHE ET EMMA ? (II, 7 ; II, 10)

Dès le début, la relation entre Emma et Rodolphe repose sur un malentendu, entretenu, du reste, par ce dernier, pour mieux parvenir à ses fins. Emma croit, tout en acceptant avec plaisir la jouissance de l'adultère, qu'il s'agit d'une relation sentimentale. Rodolphe, au contraire, cherche, de manière cynique, à se donner du bon temps. Ce fossé entre homme et femme, l'un dissociant amour et plaisir, l'autre incapable de le faire, est dû aux différences

d'éducation entre les sexes (Emma a été élevée au couvent et gavée de littérature sentimentale). Cela fera le malheur du personnage féminin.

Nous ne disposons pas du point de vue d'Emma sur Rodolphe lors de leur première rencontre, ce qui est peut-être encore un moyen de la réduire au rang d'objet du désir masculin. En revanche, Flaubert livre le point de vue de Rodolphe sur Emma par le biais du monologue délibératif de ce dernier. Le propriétaire de la Huchette se demande s'il est bien sage de se faire aimer de la femme du médecin. On voit déjà qu'il ne s'agit donc pas d'un coup de foudre... Du reste, Rodolphe parle d'Emma de façon pour le moins désinvolte, la désignant d'abord par le pronom « *elle* », puis par l'indéfini « *on* », avant de la ravaler au rang d'objet par l'emploi du pronom « *ça* » ou « *cela* ». D'ailleurs, la première question qui vient à l'esprit de Rodolphe est « *oui, mais comment s'en débarrasser ensuite* ? » (p. 181), c'est-à-dire après l'avoir possédée physiquement.

Une fois Emma et Rodolphe amants, le malentendu persiste. Emma se croit dans un grand roman d'amour tandis que Rodolphe navigue en plein vaudeville. Ainsi, lorsque Emma craint d'être surprise par Charles, dans ses relations adultères, et demande à son amant s'il a ses pistolets (p. 227), elle ne commet rien d'illogique à ses propres yeux puisqu'elle est déjà, par son adultère même, en plein drame romantique. En revanche, Rodolphe, lui, qui ne se soucie pas d'aller aux assises pour si peu, est choqué. Il n'est pas assez épris d'Emma pour se trouver jaloux de Charles qu'il ridiculise. Bien vite, l'amant de Madame Bovary, habitué aux amours légères, la trouve dangereusement sentimentale : « *Il avait fallu échanger des miniatures, on s'était coupé des poignées de cheveux, et elle demandait à présent une bague, un véritable anneau de mariage, en signe d'alliance éternelle. Souvent, elle lui parlait des cloches du soir ou des voix de la nature, puis elle l'entretenait de sa mère à elle et de sa mère à lui. Rodolphe l'avait perdue depuis vingt ans. Emma, néanmoins, l'en consolait avec des mièvreries de langage, comme on eût fait à un marmot abandonné, et même lui disait quelquefois en regardant la lune :*

– Je suis sûre que là-haut, ensemble, elles approuvent notre amour. » (p. 227-228)

Dans ce passage, Emma est tout à la fois comique et pathétique par le décalage qui se crée entre son amant et elle. Au moment même où elle veut s'adresser à lui le plus tendrement, elle ne voit pas qui il est en réalité, et elle se révèle donc incapable de s'adapter au monde réel. Le terme d' « amour », chargé par Emma de tant de significations, ne désigne pour son amant qu'une platitude, destinée à garantir d'autres rapports sexuels. Quant aux rapports sexuels entre les amants, ils ne sont pas perçus de la même façon. Tandis qu'ils ont représenté pour Emma une initiation sensuelle et sentimentale, ils n'ont été pour Rodolphe qu'un épisode parmi d'autres (« *Crois-tu m'avoir pris vierge ? » s'exclamait-il en riant* – p. 253). Toute la différence est qu'Emma n'a connu, au sortir du couvent, que son seul mari – encore est-ce elle qui l'a accepté – et que Rodolphe a pu multiplier les conquêtes. Par sa réflexion, Rodolphe proclame son privilège d'être homme et assigne à Emma son rang de femme.

Le résultat est que les amants ne parlent pas la même langue ou plutôt que la langue d'Emma, pleine de sentimentalismes, ne signifie plus rien de sincère ni surtout de neuf pour Rodolphe, qui n'y voit que les lieux communs de l'amour (« *Il s'était tant de fois entendu dire ces choses qu'elles n'avaient pour lui rien d'original. Emma ressemblait à toutes les maîtresses ; et le charme de la nouveauté, peu à peu, tombant comme un vêtement, laissait voir à nu l'éternelle monotonie de la passion qui a toujours les mêmes formes et le même langage.* » (p. 253). Pour Rodolphe, Emma n'a rien d'exceptionnel parce que son langage est celui de toutes les femmes, éprises ou non, qui ont couché avec lui. C'est pourquoi il est naturel qu'à la fin de leur liaison, Rodolphe, cherchant les lettres d'Emma, retrouve et confonde entre elles les lettres des femmes qui demandaient de l'amour et celles des femmes qui demandaient de l'argent…Au reste,

Rodolphe achèvera de confondre Emma avec une quémandeuse lorsqu'elle viendra effectivement, à la fin du roman, lui demander trois mille francs.

20. POURQUOI L'OPÉRATION DU PIED-BOT ET SES CONSÉQUENCES SONT-ELLES IMPORTANTES POUR EMMA ? (II, 9)

Déçue par Rodolphe, Emma tente de rentrer dans le droit chemin et de se consacrer à son mari. Justement M. Homais propose à Charles d'opérer le pied-bot d'Hippolyte, le garçon d'auberge. Emma s'enthousiasme pour cette initiative qui lui permettrait enfin de se sentir la femme d'un savant. Mais l'échec cuisant de Charles dans cette opération rend nécessaire l'amputation d'Hippolyte, et Emma se réfugie de plus belle dans l'adultère.

L'opération du pied-bot commence par une conjuration qui se noue autour de Charles et Hippolyte. Il s'agit de forcer l'un à vouloir devenir ambitieux, et le second à vouloir devenir coquet, alors même qu'il semble manier son pied handicapé aussi bien, voire mieux, que l'autre : « *Il semblait même plus vigoureux de cette jambe-là que de l'autre. À force d'avoir servi, elle avait contracté comme des qualités morales de patience et d'énergie, et quand on lui donnait quelque gros ouvrage, il s'écorait là-dessus, préférablement* ». (p. 235) Tout le village donne l'impression de vouloir cette opération. Homais d'abord. Ses motivations avouées sont la patriotisme de clocher (faire avancer la science à Yonville) et l'amour du progrès. Mais ne peut-on lui prêter des intentions plus machiavéliques ? Ne se doute-t-il pas que Bovary va échouer et que lui, Homais, pourra récupérer une partie de sa clientèle déçue ? C'est au lecteur de le deviner dans son interprétation du texte.

Les motivations d'Emma ne valent guère mieux, même si Charles pense que sa femme est un ange lorsqu'elle veut payer de ses propres deniers la machine nécessaire à l'opération d'Hippolyte, elle veut tout simplement se donner des raisons d'aimer son mari, l'adultère avec Rodolphe lui paraissant trop inconfortable.

Quant à Hippolyte, il est victime du village tout entier, mais surtout d'Emma, puisque c'est elle qui, payant la machine pour l'opération, achève de le décider.

Le récit de l'opération est une farce grinçante racontée en deux parties. La première voit la consécration de Charles et Homais, la seconde, leur cuisant échec.

Il est, dés l'abord, comique de lire tous les termes de spécialités employés par Charles alors même que l'on peut supposer qu'il n'y comprend pas grand chose. Pour montrer la déshumanisation qu'opère le filtre des connaissances médicales chez l'officier de santé assez ignorant qu'est Bovary, le nom d'Hyppolite est systématiquement remplacé par celui de sa maladie. Le garçon d'auberge devient « *le stréphopode* » pendant que Charles « *étudiait les équins, les varus et les valgus, c'est-à-dire la stréphocatopodie (ou pour parler mieux les différentes déviations du pied, soit en bas, soit en dedans, ou en dehors) avec la stréphypopodie et la stréphanopodie (autrement dit, torsion en dessous, et redressement en haut).* » (p. 234) Ces termes techniques renvoient à une réalité médicale, car Flaubert – fils et frère de médecin – s'était préalablement documenté. Cependant, leur accumulation produit un effet comique en soulignant leur opacité : on voit donc ici que le réalisme flaubertien, poussé à ses extrêmes, crée une riche caricature.

L'opération que réalise Bovary se révèle étonnamment simple. Emma semble réconciliée avec Charles. Le sommet de cette partie est donnée par l'article dithyrambique qu'Homais envoie à ce propos au Fanal de Rouen, le journal local. Il y envisage Hippolyte figurant « *dans des danses bachiques, au milieu d'un chœur de joyeux drilles* ». Le contraste est d'autant plus grand avec ce que Flaubert annonce dans la phrase suivante, le « *il se meurt* » de Madame Lefrançois (p. 238). C'est alors un déchaînement de bêtise où, devant la gangrène, chacun y va de son conseil, des amis jusqu'au curé.

Mais le sommet du comique cruel est atteint lorsque Charles, au moment même de l'amputation d'Hyppolite par un médecin appelé en renfort, s'exclame : « *Mais c'était peut-être un valgus ?* », supposition incongrue à ce point de l'affaire. Aussi « *Au choc imprévu de cette phrase, tombant sur sa pensée comme une balle de plomb dans un plat d'argent, Emma tressaillant leva la tête pour deviner ce qu'il voulait dire ; et ils se regardèrent silencieusement presque ébahis de se voir, tant ils étaient par leur conscience éloignés l'un de l'autre.* » (p. 246)

Évidemment, c'est aux yeux d'Emma que la pensée de Charles est « *plomb* » et la sienne « *argent* ». À partir de cet échec, Emma fera tout pour échapper à Charles et à la vie qu'elle mène.

21. 21. POURQUOI CHARLES ET EMMA ONT-ILS DEUX FAÇONS DIFFÉRENTES DE VOIR LEUR FILLE ? (II, 12)

Tandis que Charles s'extasie sur sa fille Berthe, considérant en elle une seconde Emma, cette dernière s'étonne de voir à quel point son enfant est laide. De ce fait, on ne peut jamais avoir un portrait objectif de Berthe Bovary. On dispose seulement, à la manière impressionniste, de points de vue sur sa personne. C'est une façon, pour Flaubert, de dire qu'il n'y a de vérité que subjective.

Dès la grossesse d'Emma, « *l'idée d'avoir engendré [...] délectait* » Charles (p. 129). En effet, satisfait de sa vie et de lui-même, il ne peut qu'être charmé de se reproduire, d'autant qu'il aime sa femme. Du reste, il faut comparer ce contentement de Charles et le dégoût qu'inspirait à Flaubert l'idée de se reproduire (voir ses lettres anxieuses à Louise Colet sur ce sujet), tant l'écrivain jugeait l'existence tragique. La joie de Charles, selon son auteur, ne témoigne certes pas en faveur de son intelligence de la vie... C'est pourquoi, lorsqu'on lit, p. 129-130, « *Il connaissait l'existence humaine tout du long, et il s'y attablait sur les deux coudes avec sérénité.* », il faut prendre en compte l'ironie mordante de Flaubert à l'égard du pauvre Charles, dont les rêveries mêmes trahissent l'intolérable satisfaction de soi.

Ainsi, alors même que sa femme le trompe avec passion, Charles, de plus en plus amoureux d'elle, incapable de voir que sa beauté renouvelée vient précisément de ses amours adultères, rêve à l'avenir de leur fille. « *Charles les regardait. Il croyait entendre l'haleine légère de son enfant. Elle allait grandir maintenant; chaque saison, vite, amènerait un progrès. Il la voyait déjà revenant de l'école à la tombée du jour, toute rieuse, avec sa brassière tâchée d'encre, et portant au bras son panier; puis il faudrait la mettre en pension, cela coûterait beaucoup; comment faire? Alors il réfléchissait. Il pensait à louer une petite ferme aux environs, et qu'il surveillerait lui-même, tous les matins, en allant voir ses malades* » (p. 258). Ce qu'il faut noter ici, c'est le caractère terre à terre des rêves de Charles, comparés à ceux d'Emma. Tous appartiennent au domaine du possible. En outre, ils dénotent des rêves bourgeois. Pourtant, pas plus que ceux d'Emma, ils ne seront réalisés. On sait que Berthe Bovary, jusqu'à la fin du roman, ne saura pas lire et que, loin de pouvoir lui payer la moindre éducation après la ruine de ses parents, la cousine chez qui la petite vivra, après la mort de Charles, sera obligée de l'envoyer travailler à l'usine. Tout le passage est écrit au « futur dans le passé » (c'est-à-dire au conditionnel, en raison de la concordance des temps) : le caractère catégorique du futur apparaît bien ironique, au regard de ce qui doit arriver. Si Charles trouve Berthe jolie, c'est parce qu'il voit en elle le futur reflet de sa mère. Il voit en elle la prolongation d'Emma et de lui-même. « *Ah qu'elle serait jolie, plus tard, à quinze ans, quand, ressemblant à sa mère, elle porterait comme elle, dans l'été, de grands chapeaux de paille! On les prendrait de loin pour les deux sœurs. Il se la figurait travaillant le soir auprès d'eux, sous la lumière de la lampe; elle lui broderait des pantoufles; elle s'occuperait du ménage; elle emplirait toute la maison de sa gentillesse et de sa gaieté. Enfin, ils songeraient à son établissement : on lui trouverait quelque brave garçon ayant un état solide ; il la rendrait heureuse : cela durerait toujours.* » (p. 258). Ce passage est révélateur de l'autosatisfaction de Charles : le « brave garçon ayant un état solide », c'est bien ce qu'il était lui-même aux yeux du père Rouault. Charles, dans son bonheur aveugle, ne peut imaginer d'autre joie que la répétition indéfinie de sa situation.

Or, ce qui est cruel, c'est que les rêves d'Emma, à côté de lui, vont briser les siens à peine formulés : elle songe à la fuite, avec Rodolphe, en des pays lointains ; et si celle-ci n'aura pas lieu, elle marque néanmoins le début des grandes dépenses de Madame Bovary, qui vont précipiter la ruine de la famille.

En effet, on peut lire l'œuvre comme le roman d'un échec social, et de l'impossibilité pour une famille de s'ancrer dans la petite bourgeoisie, du fait de la volonté de jouissance immédiate de l'épouse, mais pas seulement (les deux pères, Rouault et Bovary aîné ont aussi mangé leur fonds).

Emma est loin, du reste, de nourrir des projets pour sa fille, qu'elle trouve « *étrangement laide* » (p. 163). Plus précisément, tant qu'elle a été enceinte et qu'elle a pu rêver qu'elle attendait un garçon, elle s'est plu à faire des plans pour lui. « *Elle souhaitait un fils ; il serait fort et brun ; elle l'appellerait Georges ; et cette idée d'avoir pour enfant un mâle était comme la revanche en espoir de toutes ses impuissances passées.* » (p. 130) Du reste, on peut noter — ironie flaubertienne — que Georges signifie « laboureur « en grec. Emma Bovary revient sans le savoir vers sa condition paysanne. En outre, lorsque Charles, en éternel fossoyeur de ses espérances, annonce : « *C'est une fille* ! » (p. 130), « *elle tourna la tête et s'évanouit* », incapable sans doute de supporter cette duplication d'elle-même et de ses « impuissances ». En effet, dans la société du XIXe siècle, « *un homme, au moins, est libre ; il peut parcourir les passions et les pays, traverser les obstacles, mordre aux bonheurs les plus lointains* » (p. 130), contrairement à une femme, toujours dépendante de son père ou de son mari. C'est pourquoi, malgré la passion qu'elle met à chercher pour sa fille un prénom qui l'ancre dans les rêves de sa propre jeunesse – elle s'arrête sur « Berthe » parce qu'elle a entendu ce nom au bal de la Vaubyessard, — Emma a une attitude plutôt froide envers l'enfant, d'autant qu'il s'agit de la fille de Charles qu'elle hait.

Cependant, cette froideur est entrecoupée de grands élans de tendresse qui rappellent, selon Flaubert, ceux de la « Sachette de Notre-Dame de Paris », le roman de Hugo. De fait, dans ses élans, Emma joue la maternité en tentant d'épouser les convenances. Elle tente ainsi de résister à ses amants, notamment à Léon. Mais elle est loin de se trouver convaincue par son propre jeu.

22. 22. POURQUOI ET COMMENT RODOLPHE ABANDONNE-T-IL EMMA ? (II, 12 ; II ; 13)

Refusant de fuir avec Emma, et peut-être avec Berthe, trop lâche pour l'avouer franchement à sa maîtresse, Rodolphe préfère lui envoyer, au dernier moment, une lettre de rupture et quitter seul Yonville pour Rouen. Cette lettre, rédigée avec le plus grand cynisme, est un chef-d'œuvre de fausse abnégation romantique.

La fuite était une idée d'Emma. Jamais le lecteur n'a le point de vue de Rodolphe sur celle-ci en focalisation interne, mais il peut le deviner au nombre d'obstacles que le personnage masculin soulève : c'est lui qui parle à Emma de Berthe, sans doute pour jouer sur ses sentiments de mère, afin qu'elle décide de rester. Mais Emma, tout en décidant de fuir avec Berthe, probablement pour ne pas s'avouer à elle-même que sa fille lui importe peu, n'en parle plus jamais. Rodolphe tente alors d'autres stratégies, sans jamais s'opposer frontalement à la volonté de sa maîtresse. « *Il voulut avoir encore deux semaines devant lui, pour terminer quelques dispositions ; puis, au bout de huit jours, il en demanda quinze autres, puis se dit malade ; ensuite, il fit un voyage, le mois d'août se passa, et, après tous ces retards, ils arrêtèrent que ce serait irrévocablement pour le quatre septembre, un lundi.* » (p. 260) Le lecteur peut, au reste, se douter que c'est surtout Emma qui pose « *irrévocablement* » la date du 4 septembre.

La scène d'amour du dernier soir avant la fuite est une merveille d'ambiguïté. Le lecteur a bien deviné le manque d'enthousiasme de Rodolphe : il peut donc légitimement se demander quand celui-ci osera faire défection. Emma, elle, emportée par son rêve, n'a perçu à aucun moment qui était Rodolphe : elle se contente de l'imaginer tel qu'elle voudrait qu'il fût. Elle parle, du reste, essentiellement d'elle et de ses émotions : « *Pourquoi ai-je le cœur triste, cependant ? Est-ce l'appréhension de l'inconnu, l'effet des habitudes quittées… ou plutôt ?… Non, c'est l'excès du bonheur ! Que je suis faible, n'est-ce pas ? Pardonne-moi !* » (p. 262) Emma joue le rôle de la faible femme hésitante, et qui a besoin d'être confortée par l'homme fort qu'est, à ses yeux, Rodolphe. Mais, elle en est pour ses minauderies : « *Il est encore temps !* » s'écrie Rodolphe… et c'est Emma qui doit proclamer : « *Jamais* ! ». La dernière nuit d'amour apparaît comme très romantique aux deux amants, mais pour des raisons différentes. Tandis qu'Emma nage dans le bonheur, Rodolphe, lui, fait intérieurement ses adieux à Emma… Le suspens est gardé jusqu'au bout.

C'est l'emploi de l'imparfait dans l'exclamation échappée à Rodolphe, après le départ d'Emma, qui dévoile les intentions du propriétaire de la Huchette : « *Quel imbécile je suis ! fit-il en jurant épouvantablement. N'importe, c'était une jolie maîtresse* ! » (p. 263). Par cet imparfait, Rodolphe trahit son intention de quitter Emma.

La lettre d'adieu envoyée à Madame Bovary par Rodolphe est une merveille d'hypocrisie et de cynisme, sous des dehors romantiques. Pour montrer ce décalage entre ce que dit Rodolphe et ce qu'il pense réellement, Flaubert emploie une technique de contrepoint. Chaque phrase de la missive de Rodolphe à Emma est commentée par ce dernier de façon à ce que le lecteur comprenne que, derrière le sens proclamé – l'intérêt d'Emma – seul compte le sens réel – celui de Rodolphe. « *Avez-vous mûrement pensé votre détermination ? Savez-vous l'abîme où je vous entraînais, pauvre ange ?Non, n'est-ce pas ? Vous alliez, confiante et folle, croyant au bonheur, à l'avenir…Ah ! malheureux que nous sommes ! insensés* ! » (p. 266) À ce passage à la tonalité très affective (emploi des points d'interrogation, d'exclamation, de suspension, appellation affectueuse – pauvre ange -, champ lexical de l'ignorance jusqu'à la folie) répond le commentaire réaliste qu'en fait Rodolphe. « *Rodolphe s'arrêta pour trouver ici quelque bonne excuse.*

– Si je lui disais que toute ma fortune est perdue ?... Ah ! non, et d'ailleurs, cela n'empêcherait rien. Ce serait à recommencer plus tard. Est-ce qu'on peut faire entendre raison à des femmes pareilles ! » (p. 266)

Aussi préfèrera-t-il ne pas donner d'excuse, se réfugiant dans la thématique romantique de l'amour impossible et maudit. Ce passage est une critique du romantisme, faite au nom de ce qu'on peut appeler le réalisme de Flaubert. À l'imagerie de la passion maudite s'oppose la vieille « raison » misogyne. Tandis que Rodolphe feint de considérer la femme aimée comme un « ange », il la considère surtout comme une folle, dont il ne peut se débarrasser, comme une femme incapable même d'entendre l'argument pourtant censé imparable du manque d'argent.

Le finale de la lettre ajoute au cynisme une dimension cruellement comique : « *Pauvre petite femme ! pensa-t-il avec attendrissement. Elle va me croire plus insensible qu'un roc ; il eût fallu quelques larmes là-dessus ; mais, moi, je ne peux pas pleurer ; ce n'est pas ma faute. Alors, s'étant versé de l'eau dans un verre, Rodolphe y trempa son doigt et il laissa tomber de haut une grosse goutte qui fit une tache pâle sur l'encre.* » (p. 268) Les rôles sont ici renversés : tandis que c'est Rodolphe qui se montre trop faible pour avouer franchement qu'il ne veut pas partir, c'est Emma qui est réduite au rang de « pauvre petite femme » par lui. Voilà ce que Flaubert appellera plus loin « la faiblesse du sexe dit fort »...

La fausse larme fabriquée par Rodolphe dénonce, en même temps, ce qu'a été, dès le début, dès les Comices agricoles, son discours : un montage artificiel de phrases romantiques, prononcées ou écrites en vue d'un but purement trivial.

23. RODOLPHE ET CHARLES EMPLOIENT-ILS LE MOT « FATALITÉ » DANS LE MÊME SENS ? (II, 13 ; III, 11)

Rodolphe quittant Emma (p. 266) et Charles revoyant Rodolphe, après la mort de sa femme (p. 440), accusent tous deux la « fatalité ». Mais, tandis que, chez Rodolphe, il s'agit d'un simple mot, destiné à impressionner Emma, Charles atteint, en le prononçant, à une sorte de sublime.

Rodolphe, voulant se débarrasser d'Emma, lui envoie une lettre farcie de clichés romantiques destinés à impressionner sa maîtresse. Chaque mot de cette lettre est un mensonge. « *L'idée seule des chagrins qui vous arrivent me torture. Emma ! Oubliez-moi ! Pourquoi faut-il que je vous aie connue ? Pourquoi étiez-vous si belle ? Est-ce ma faute ? O mon Dieu ! non, non, n'accusez que la fatalité* ! » (p. 266) Outre que Rodolphe n'est pas du tout torturé – tout juste regrette-t-il un peu les jouissances passées -, il se montre léger en attribuant leur liaison à la pure passion non calculée, en un mot à la « fatalité ». Le lecteur a, en effet, été témoin des délibérations de Rodolphe, pris de désir pour Emma, mais se demandant immédiatement après « *oui, mais comment s'en débarrasser ensuite* ? » (p. 181). La « fatalité » n'a donc été pour rien dans la rencontre de Rodolphe et d'Emma, et Rodolphe le sait. Mais il est dans son intérêt qu'Emma le croie : on ne demande, en effet, pas de compte à la « fatalité ». Peut-être même Emma pourra-t-elle jouer à l'héroïne romantique… et laisser Rodolphe tranquille, pense ce dernier. Le mot « fatalité » est donc ici un simple cliché, un mot vide de sens.

En revanche, lorsque Charles emploie ce mot, il lui donne un sens tout particulier. Après la mort d'Emma, Charles trouve la lettre d'adieu de Rodolphe à cette dernière. Puis il finit par ouvrir la cassette d'Emma contenant les lettres de Rodolphe et Léon. La présence d'un portrait de Rodolphe ne lui laisse aucun doute sur l'identité de l'amant de sa femme.

Lorsque que Charles et Rodolphe se rencontrent finalement, « *ils pâlirent en s'apercevant* » (p. 439). Le lecteur peut noter, à cette occasion, que Rodolphe est loin de ne faire qu'une bouchée de Charles, comme il l'avait dit à Emma. Il a cependant l'insolence de l'inviter à boire. C'est ici que Charles prononce : « Je ne vous en veux pas ».

« Rodolphe était resté muet. Et Charles, la tête dans ses deux mains, reprit d'une voix éteinte et avec l'accent résigné des douleurs infinies :

– Non, je ne vous en veux plus !

Il ajouta même un grand mot, le seul qu'il ait jamais dit :

– C'est la faute de la fatalité ! » (p. 440)

De fait, cette « fatalité » a des causes bien humaines, et que tout le roman de Flaubert s'est attaché à démystifier. Mais, si Charles emploie ce mot, ce n'est peut-être pour une fois pas par bêtise, ou, plutôt, sa bêtise atteint ici au sublime de la sainteté, car elle lui sert à pardonner à Rodolphe, parce que Emma l'a aimé, et surtout à pardonner à Emma elle-même. En quelque sorte, rejeter la faute sur la « fatalité », c'est affirmer sa volonté de ne pas envisager la faute et donc de la pardonner. Charles ne pardonne pas ici par faiblesse ni par aveuglement, car à ce stade de l'histoire, il sait tout. Seulement, la douleur l'a entraîné au-delà de la colère. Le lendemain, Charles meurt d'amour dans un nouveau jardin d'Éden : « *Des jours passaient par le treillis ; le jasmin embaumait, le ciel était bleu, des cantharides bourdonnaient autour des lys en fleur, et Charles suffoquait comme un adolescent sous les vagues effluves amoureux qui gonflaient son cœur chagrin.* » (p. 440) D'une certaine façon, la mort de Charles fait de lui un personnage christique, qui meurt après avoir pardonné. C'est un Christ de la Bêtise, un Christ de la conjugalité, aussi, tout comme le père Goriot de Balzac est un Christ de la paternité.

Cependant, cette dimension sublime que revêt Charles à la fin de l'ouvrage n'est pas comprise par Rodolphe, qui est loin d'accéder à la grandeur d'autrui, et voit les choses de son point de vue terre à terre.

« *Rodolphe, qui avait conduit cette fatalité, le trouva bien débonnaire pour un homme dans sa situation, comique même et un peu vil* » (p. 440). En effet, l'ancien amant de Madame Bovary continue à raisonner en terme de comique de boulevard et d'affaires de cocuage. Pour lui, Charles devrait défendre son honneur. Or, il ne comprend pas que ce dernier est au-delà de ces questions, que, pour lui, ce n'est pas la tromperie d'Emma qui est due à la « fatalité », mais tout le mécanisme qui a entraîné sa mort.

24. QUELLE CRITIQUE DE LA RELIGION EST MENÉE À TRAVERS LE RÉCIT DE LA CONVERSION D'EMMA ? (II, 14)

Emma, tombée malade après le départ de Rodolphe, tente, au cours de sa convalescence, de quêter les secours de la religion catholique. Mais, elle ne fait qu'y rechercher les plaisirs de l'amour, troquant simplement son amant pour Dieu.

Au couvent, Emma avait eu ses moments de mysticisme. Elle redécouvre la foi de son enfance au moment où, malade, elle demande la communion. Ce passage doit absolument être comparé avec celui où elle reçoit l'extrême-onction (III, 8). Tandis que le passage de l'extrême-onction est tout entier habité par la description saisissante de réalisme des affres de l'agonie, celui de la communion (II, 14) est empli de douceur idéale et se trouve écrit dans un esthétique que l'on pourrait qualifier de sulpicienne. « *[…] à mesure que l'on faisait dans sa chambre les préparatifs pour le sacrement, que l'on disposait en autel la commode encombrée de sirops et que Félicité semait par terre des fleurs de dahlias, Emma sentait quelque chose de fort passant sur elle, qui la débarrassait de ses douleurs, de toute perception, de tout sentiment. Sa chair allégée ne pesait plus ; une autre vie commençait ; il lui sembla que son être, montant vers Dieu, allait s'anéantir dans cet amour, comme un encens allumé qui se dissipe en vapeur.* » (p. 279) Emma a l'illusion de mourir, et elle croit ainsi que la mort est chose très douce. En réalité, comme le lecteur le verra dans la scène de l'agonie réelle de Madame Bovary, on ne meurt que dans d'atroces douleurs. Rétrospectivement, la fausse agonie d'Emma paraît bien éthérée… Son corps semble comme s'absenter alors qu'il sera cruellement présent dans l'empoisonnement dû à l'arsenic. En ce sens, c'est au nom du réalisme que Flaubert critique la religion catholique et toute son imagerie. En effet, le catholicisme a pour trait particulier de s'appuyer sur les images pour porter le fidèle à la dévotion. Or, pour Flaubert, celles-ci ne sont pas loin des gravures des romans qu'Emma lisait dans sa jeunesse : elles servent à faire rêver, non à pousser à la méditation. Ainsi, Emma, se croyant mourante, rêve à toute l'iconographie chrétienne de sa jeunesse. « *Les rideaux de son alcôve se gonflaient mollement autour d'elle, en façon de nuées, et les rayons de deux cierges brûlant sur la commode lui parurent être des gloires éblouissantes. Alors elle laissa retomber sa tête, croyant entendre dans les espaces le chant des harpes séraphiques et apercevoir en un ciel d'azur, sur un trône d'or, au milieu des saints tenant des palmes vertes, Dieu le Père tout éclatant de majesté, et qui d'un signe faisait descendre vers la terre des anges aux ailes de flammes pour l'emporter dans leurs bras.* » (p. 279). Ces images tout droit sorties d'un livre de catéchisme, ou d'un ouvrage pieux et naïf, se signalent par leur fadeur de stéréotypes. Elles révèlent aussi l'immodestie d'Emma qui, malade d'avoir été abandonnée par son amant, se croit cependant une âme d'élite, une sainte – et pèche ainsi, selon une perspective chrétienne, par orgueil…

Il est donc permis de douter de la véracité de la phrase suivante, qui représente le point de vue d'Emma : « *son âme courbatue d'orgueil, se reposait enfin dans l'humilité chrétienne ; et savourant le plaisir d'être faible, Emma contemplait en elle-même la destruction de sa volonté, qui devait faire aux envahissements de la grâce une large entrée.* » (p. 279) Derrière le point de vue de Madame Bovary, on entend l'ironie flaubertienne : Emma confond penchant pour la foi et faiblesse physique… comme beaucoup (On trouve la même remarque chez Stendhal. Dans *Le Rouge et le Noir*, Julien Sorel, envoyé au séminaire de Besançon, découvre que les « jeunes gens à visions », les mystiques passent presque tout leur temps malades, à l'infirmerie.)

De plus, la nouvelle dévotion d'Emma, tout comme ses ferveurs adultères, se traduit par une rage de consommation. « *Elle voulut devenir une sainte. Elle acheta des chapelets, elle porta des amulettes ; elle souhaitait avoir dans sa chambre, au chevet de sa couche, un reliquaire enchâssé d'émeraudes, pour le baiser tous les soirs.* » (p. 280) Passons sur l'ambition d'Emma de « *devenir une sainte* », qui dénote un orgueil assez démoniaque. Il semble que Madame Bovary confonde ici, comme toujours, être et avoir. Elle s'imagine devenir une sainte parce qu'elle en achète l'attirail. C'est, du reste, ce qu'a bien compris, sans connaître Emma, le libraire de l'Évêché qui lui envoie « *avec autant d'indifférence que s'il eût expédié de la quincaillerie à des nègres* » « *pêle-mêle tout ce qui avait cours dans le domaine des livres pieux* » (p. 280). Peu importe pour le libraire ce qu'il vend : l'important est de vendre, et peu importe pour Emma ce qu'elle achète : au fond, elle achète toujours du rêve.

Plus grave encore, du point de vue du dogme catholique : Emma tend à confondre le souvenir mélancolique qu'elle garde de son amant avec son amour de Dieu. Il ne s'agit pas là, de la part de Flaubert, d'une simple critique d'Emma mais bien d'une charge contre la religion qui joue de telles confusions. Ainsi « *quand elle se mettait à genoux sur son prie-Dieu gothique, elle adressait au Seigneur les mêmes paroles de suavité qu'elle murmurait jadis à son amant, dans les épanchements de l'adultère. C'était pour faire descendre la croyance ; mais aucune délectation ne descendait des cieux, et elle se relevait, les membres fatigués, avec le sentiment vague d'une immense duperie.* » (p. 281) Ce que recherche Emma sans pouvoir les éprouver, ce sont bien des sensations voluptueuses, bien qu'elles soient spirituelles et non physiques.

La satire d'Emma – et de ses penchants religieux – se poursuit au paragraphe suivant avec le récit des « *charité excessives* » de la nouvelle convertie pour se clore, comble du ridicule, sur la remarque suivante : « *Son langage, à propos de tout, était plein d'expressions idéales. Elle disait à son enfant :*

– Ta colique est-elle passée, mon ange ? » (p. 281)

Bien sûr, le comique vient ici de la confusion entre le spirituel (« *ange* ») et le matériel le plus trivial (« *colique* »)... Mais il semblerait que, si Flaubert s'est intéressé au mystère de la sainteté (*Légende de Saint Julien l'hospitalier, la Tentation de Saint Antoine*) il mène, à travers la conversion d'Emma, une critique acerbe de la religion qui lui est contemporaine.

25. POURQUOI EMMA EST-ELLE TOUCHÉE PAR L'HISTOIRE DE LUCIE DE LAMMERMOOR ? (II, 15)

Sur les conseils de M. Homais, Charles emmène Emma à l'opéra voir *Lucie de Lammermoor.* Cet opéra de Donizetti raconte les amours contrariées de la jeune Lucie pour Edgar, l'ennemi de sa famille. En effet, le propre frère de Lucie veut lui faire épouser un certain Lord Arthur. Madame Bovary s'identifie à l'histoire de Lucie : elle y lit l'histoire de son mariage raté et, les sens en émoi, elle est alors toute prête à revoir Léon.

Sur les conseils de M. Homais, Charles accompagne Emma convalescente à une représentation de *Lucie de Lammermoor* où se produit le ténor Lagardy. On pourra noter que l'opéra n'est certainement pas, d'après les médecins du temps, le meilleur moyen de se soigner les nerfs, ce qui témoigne du manque d'habileté curative de M. Homais.

L'opéra est d'abord pour Madame Bovary un lieu où voir et, surtout, où être vue. Tout d'abord, il s'agit pour elle, quoique ne venant pas de la ville, de montrer cependant qu'elle en possède tous les usages. Charles, lui, se montre un vrai campagnard et trahit sa méconnaissance des loisirs bourgeois. « *Il confondit l'avant-scène avec les galeries, le parquet avec les loges, demanda des explications, ne les comprit pas, fut renvoyé du contrôleur au directeur, revint à l'auberge, retourna au bureau et plusieurs fois ainsi, arpenta toute la longueur de la ville depuis le théâtre jusqu'au boulevard.* » (p. 288) Pendant que le pauvre Charles se ridiculise de la sorte (l'emploi de phrases courtes accélère ses mouvements, un peu à la façon d'un film comique avant la lettre), Emma se fait belle. La première jouissance qu'elle connaît, d'ailleurs, à l'opéra, n'est pas d'ordre esthétique mais social : elle goûte le plaisir de monter l'escalier des premières tandis que d'autres ne sont pas dans des loges. Aussi Flaubert nous la montre-t-il avec un peu d'ironie qui « *se cambra la taille avec une désinvolture de duchesse* » (p. 290). Il faut dire, en effet, que si, de Balzac à Proust, la scène de théâtre ou d'opéra est un thème récurrent, Emma se rend un peu ridicule en oubliant qu'elle n'est pas à Paris, au milieu de la fine fleur de la noblesse, mais à Rouen, avec des bourgeois qui « *venaient se délasser dans les beaux-arts des inquiétudes de la vente.* » (p. 290)

Le plaisir que prend Emma à la représentation à proprement parler est dû à son identification avec le personnage de Lucie, la mal-mariée. Dès l'abord, Emma se retrouve plongée dans l'univers des romans de sa jeunesse puisque l'opéra de Donizetti s'inspire du roman *La Fiancée de Lammermoor*, de Walter Scott, auteur dont nous avons vu que la jeune femme était friande. La musique, en outre, nourrit ses rêves d'évasion, son « bovarysme » : « *Lucie entama d'un air brave sa cavatine en sol majeur ; elle se plaignait d'amour, elle demandait des ailes. Emma, de même, aurait voulu, fuyant la vie, s'envoler dans une étreinte.* » (p. 291).

Le rêve d'Emma est d'abord rêve d'amour. Lucie est davantage aimée qu'elle ne l'a jamais été… Madame Bovary oublie simplement qu'il s'agit d'un personnage de fiction et compare amèrement Lagardy–Edgar à Rodolphe.

Elle les compare si bien, et confond à tel point fiction et réalité qu'elle se prend à mêler fascination pour l'histoire de Lucie et Edgar et fantasmes sur la personne de Lagardy qui incarne ce même Edgar. Lagardy, du reste, ténor de seconde zone, prend soin de plaire aux dames par sa réputation de séducteur. « *Le cabotin diplomate avait même soin de faire toujours glisser dans les réclames une phrase poétique sur la fascination de sa personne et la sensibilité de son âme* » (p. 291). Or Emma se laisse prendre à ce panneau impur, non artistique, parce qu'elle cherche l'amour et la jouissance sensible, et non l'admiration devant le beau. « *Mais une folie la saisit : il la regardait, c'est sûr ! Elle eut envie de courir dans ses bras pour se réfugier en sa force comme dans l'incarnation de l'amour même et de lui dire : – Enlève-moi, emmène-moi, partons ! À toi, à toi ! Toutes mes ardeurs et tous mes rêves !* » (p. 294) Flaubert se montre ainsi un analyste précurseur de la confusion sur laquelle repose le star system… En effet, Emma devient incapable de faire la distinction entre la scène et la salle.

Cette incapacité, cette propension à se projeter dans l'histoire deviennent, du reste, assez comiques quand Charles se met à les partager. Voyant la scène du mariage de Lucie, « *Emma rêvait au jour de son mariage, et elle se revoyait là-bas, au milieu des blés, sur le petit sentier, quand on marchait vers l'église. Pourquoi donc n'avait-elle pas, comme celle-là* [Lucie] *résisté, supplié* ? » (p. 293). Cependant, Charles s'identifie au mari agréé par le frère de Lucie, qu'il prend pour son père, et ne comprend absolument pas l'amant qui prétend aimer Lucie en se vengeant sur sa famille… Ce qu'on peut appeler le bovarysme de Charles est donc jusqu'au bout un bovarysme de bon père de famille bourgeoise.

Pourtant, dès que Madame Bovary revoit Léon (amené par Charles, qui se montre complaisant, une fois encore), le spectacle ne l'intéresse plus. La scène de la folie de Lucie, elle la jouera elle-même, dans sa chair, par son suicide, à la suite de son adultère avec Léon. Grâce à Charles qui a introduit Léon, le spectacle est bel et bien passé de la scène à la salle.

26. À QUOI LÉON ET EMMA DOIVENT-ILS LEUR TRANSFORMATION ? (III, 1)

Lorsqu'ils se revoient à Rouen, Emma et Léon ne sont plus les naïfs amoureux de Yonville. En effet, ils ont fait, chacun de son côté, l'expérience de l'amour charnel. Aussi sont-ils mûrs, l'un et l'autre, pour donner à leur amour une tournure beaucoup moins platonique.

Le lecteur, qui a suivi l'histoire d'Emma, sait qu'elle est précisément à Rouen pour se consoler du départ d'un autre. Or, il apprend également que Léon a su occuper son temps à Paris. « *Monsieur Léon, tout en étudiant son droit, avait passablement fréquenté la Chaumière où il obtint même de forts jolis succès près des grisettes, qui lui trouvaient l'air distingué.* » (p. 301) Il est piquant de noter que cet « *air distingué* » qui plaît aux grisettes, ou jeunes filles du peuple entretenues par des étudiants, est également ce qui séduit tant Madame Bovary qui a des prétentions à la noblesse. Léon, du reste, est un bourgeois en herbe, se gardant de tous les excès susceptibles de nuire à sa future carrière. On voit déjà ce qui le sépare des rêveries d'Emma, même s'il en garde encore le vocabulaire.

On peut se demander, du reste, jusqu'à quel point ce vocabulaire romantique, qu'il employait sincèrement à Yonville n'est pas en train de devenir, comme chez Rodolphe, un simple stéréotype, un moyen de séduire comme un autre. Cependant, désormais, Emma n'est plus dupe de ce langage que jusqu'à un certain point. Comme Emma fait des excuses à Léon pour ne pas lui avoir dit dans quel hôtel elle était descendue avec son mari :

« *– Oh, je l'ai deviné, repris Léon.*

– Comment ?

Il prétendit avoir été guidé vers elle, au hasard, par un instinct. Elle se mit à sourire, et, aussitôt, pour réparer sa sottise, Léon raconte qu'il avait passé toute la matinée à la chercher successivement dans tous les hôtels de la ville. » (p. 302)

Il est donc des mensonges romantiques auxquels Emma ne croit plus. Cependant, la conversation entre Léon et elle reprend, dévidant tous les poncifs de la mélancolie romantique. Pourtant, s'il peuvent évoquer, à mots de moins en moins couverts, le désir qu'ils éprouvent l'un pour l'autre, c'est en raison même de leurs amours charnelles passées, ce non-dit de la conversation qui la dirige néanmoins. « *Peut-être ne se rappelait-il plus ses soupers après le bal, avec des débardeuses ; et elle ne se souvenait plus sans doute des rendez-vous d'autrefois, quand elle courait le matin dans les herbes, vers le château de son amant.* » (p. 303)

En outre, loin d'avoir, comme il le prétend, fait d'Emma sa muse, sa déesse, Léon a appris, au contraire, en évaluant la situation sociale de l'objet de ses désirs, à la considérer comme peu de chose. « *Auprès d'une Parisienne en dentelles, dans le salon de quelque docteur illustre, personnage à décorations et à voiture, le pauvre clerc, sans doute eût tremblé comme un enfant ; mais ici, à Rouen, sur le port, devant la femme de ce petit médecin, il se sentait à l'aise, sûr d'avance qu'il éblouirait* » (p. 302). Ainsi, c'est parce qu'il méprise Charles que, tout comme Rodolphe, Léon se sent autorisé à user de privautés avec Emma.

27. QUE SE PASSE-T-IL DANS LE FIACRE ? (III, 1) ?

C'est dans le fiacre loué par Léon qu'Emma et lui consomment leur adultère. Le comique de la scène tient à ce que jamais le lecteur, quelque envie qu'il en ait, ne peut surprendre ce qui se passe dans le fiacre. Il le devine seulement, à l'inverse du cocher qui se contente de souffrir.

Comme Rodolphe, Léon mène le jeu avec Emma, d'abord réticente à monter dans le fiacre et convaincue seulement par cet argument irrécusable de celui qui va devenir son nouvel amant : « *Cela se fait à Paris !* » (p. 315) Aussi peut-on se demander si Emma cède parce qu'elle en a envie ou par désir de correspondre à la mode parisienne…

Tout le procédé narratif de Flaubert dans ce passage consiste à décevoir le lecteur qui aimerait peut-être lire le récit d'une scène leste, et qui ne l'aura pas plus que dans la scène de la sortie à cheval avec Rodolphe. Cependant, si cette scène du fiacre avec Léon a, plus que celle de l'adultère avec Rodolphe, choqué les autorités, et notamment le procureur Pinard, chargé du procès Bovary, c'est qu'elle procède entièrement d'une métaphore audacieuse. Lorsque le lecteur lit « *Et la lourde machine se mit en route* », cette « *machine* » renvoie, bien sûr, au fiacre, mais elle n'est pas sans faire allusion à l'étrange « machine » que forme un couple réuni dans la fornication. Emma et Léon sont totalement déshumanisés, réduits à l'image de ce fiacre.

Ainsi Léon n'est-il plus qu'une voix de plus en plus furieuse, qui interdit au cocher de s'arrêter, sans doute avec une vigueur accrue à la mesure de son plaisir… Le lecteur trouve ici, outre le comique de répétition, une jouissance certaine à deviner ce qui n'est pas montré, ce qui est interdit mais dont la voix de Léon donne un indice certain.

Une bonne partie du plaisir qu'éprouve le lecteur à lire cette scène vient du fait que, si le cocher et les bourgeois de Rouen semblent ne rien comprendre, l'adultère est cependant étalé pour qui sait voir, énorme et obscène, aux dimensions, pour tout dire, d'un fiacre. Le lecteur rit de sa supériorité sur le cocher qui *« sur son siège jetait aux cabarets des regards désespérés. Il ne comprenait pas quelle fureur de la locomotion poussait ces individus à ne vouloir point s'arrêter. »* (p. 317) Quant aux bourgeois de Rouen, ils *« ouvraient de grands yeux ébahis devant cette chose si extraordinaire en province, une voiture à stores tendus, et qui apparaissait ainsi continuellement, plus close qu'un tombeau et ballottée comme un navire »* (p. 317). Il faut noter d'abord que les amants, voulant être discrets, s'exposent en fait à tous les regards, bien plus que dans une chambre d'auberge, par le caractère inhabituel et parisien du lieu choisi pour abriter leurs amours. Le fiacre a quelque chose de monstrueux. En outre, la comparaison qui est faite entre celui-ci et un tombeau n'a rien d'innocent : c'est par les dérèglements dont la scène du fiacre n'est qu'un symptôme qu'Emma se condamne à mort.

Il existe encore une autre jouissance du texte qui fonctionne, pour ainsi dire, en roue libre, dans l'énumération de tous les lieux où passe le fiacre. « *On la vit à Saint-Pol, à Lescure, au mont Gargan, à la Rouge-Mare, et place du Gaillardbois ; rue Maladrerie, rue Dinanderie, devant Saint-Romain, Saint-Vivien, Saint-Maclou, Saint-Nicaise – Devant la Douane – à la basse Vieille-Tour, aux Trois-Pipes et au Cimetière monumental.* » (p. 317) Cette énumération de lieux existants a, certes, pour fonction de donner un effet de réel en ancrant le roman dans une géographie vérifiable. Mais, surtout, elle vaut par son effet purement poétique. Il faut ici se rappeler que Flaubert « gueulait », comme il le disait, ses textes, ce qui signifie qu'il ne s'attachait pas seulement au sens mais aussi au plaisir des mots de leur sonorité et de leur harmonie musicale.

28. POURQUOI JUSTIN SE FAIT-IL DISPUTER PAR HOMAIS ? (III, 2 ; III, 8)

Emma, à son retour de Rouen, passe chez Homais, où elle interrompt une colère du pharmacien. Celui-ci dispute Justin, son apprenti, pour être allé chercher une bassine pour faire les confitures dans le « capharnaüm » ou réserve dévolue par le pharmacien au rangement de ses drogues. C'est ainsi qu'Emma apprend d'Homais l'emplacement où est rangé l'arsenic qui servira à son suicide.

La scène de la colère d'Homais est, dans un sens, fort comique. Une fois encore, la prétention pédantesque du pharmacien s'étale à loisir. La scène se passe à la saison des confitures que tout Yonville fait en même temps. La maison du pharmacien se distingue par un conformisme outré. « *Mais on admirait, devant la boutique du pharmacien, un tas beaucoup plus large, et qui dépassait les autres de la supériorité qu'une officine doit avoir sur les fourneaux bourgeois, un besoin général sur des fantaisies individuelles.* » (p. 320)

Du reste, c'est du haut de son professionnalisme que Homais se permet une gigantesque colère contre Justin, coupable d'avoir violé le « capharnaüm », autrement dit le sanctuaire du pharmacien. Dans la pharmacie, tout est sens dessus dessous et cette révolution dans les objets connus du lecteur tout comme la multiplication des Homais, tous identiques, « *grands et petits avec des tabliers qui leur montaient jusqu'au menton.* » (p. 320) est comique. La colère même de Homais est comique par sa précision et son pédantisme : on sent que Homais, tout à la joie de pouvoir passer sa fureur sur un plus faible que lui, s'échauffe lui-même. L'auditoire que lui constitue sa famille décuple sa rage jubilatoire… et le comique pour le lecteur. Ainsi, lorsque Homais envisage le danger très hypothétique de l'empoisonnement de sa famille par l'arsenic (parce que Justin est entré dans le « capharnaüm » !), « *Les enfants se mirent à pousser des cris comme s'ils avaient déjà senti dans leurs entrailles d'atroces douleurs.* » (p. 322) L'acmé de la colère du pharmacien est atteinte lorsqu'il se met à prononcer des mots de latin, de façon totalement décousue. « *Il citait du latin, tant il était exaspéré. Il eût cité du chinois et du groenlandais, s'il eût connu ces deux langues ; car il se trouvait dans une de ces crises où l'âme entière montre indistinctement ce qu'elle enferme, comme l'océan, qui, dans les tempêtes, s'entrouvre depuis les fucus de son rivage jusqu'au sable de ses abîmes* » (p. 322). On sent ici chez Homais une sorte de jubilation du langage. Il convient de se souvenir ici que Flaubert était grand lecteur de Rabelais.

Cependant, le lecteur n'est pas seulement en présence d'un passage comique. Tout d'abord, la colère de Homais s'exerce sur un être innocent et faible (un « *enfant* ») et un subordonné qu'il écrase de sa supériorité et auquel il rappelle sa bienfaisance (p. 322) En ce sens, ce passage est donc bel et bien fort cruel. En outre, Homais se montre un chef de famille tyrannique, un pater familias en ordonnant non seulement à ses enfant mais aussi à sa femme de sortir pour qu'ils ne voient pas l'ouvrage licencieux que Justin vient de faire tomber de ses poches.

Surtout, c'est par cette scène qu'Homais apprend incidemment à Emma où se trouve l'arsenic. En ce sens, les douleurs faussement ressenties par les enfants Homais annoncent celles que ressentira vraiment Emma pendant son agonie. Et lorsque Homais crie à Justin qu'il voulait lui faire empoisonner un malade, il est annonciateur, en quelque sorte, du suicide d'Emma qu'il rend précisément possible par son explosion de colère. Ainsi Homais s'avère décidément le mauvais génie dans l'existence d'Emma. C'est lui qui a conseillé à Charles d'opérer le pied-bot d'Hyppolite, opération dont l'échec va précipiter Emma dans l'adultère. C'est lui qui, vantant les mérites de l'opéra de Rouen, a permis les retrouvailles avec Léon. Et à présent, le voilà qui offre à Emma les clefs de son suicide…

29. DE QUELS STRATAGÈMES USE EMMA POUR REVOIR SON AMANT LÉON ?

Pour revoir Léon, Emma est obligée, par deux fois, d'user de ruses dignes d'un fabliau du Moyen Âge, ces contes qui mettaient volontiers en scène la malignité de la femme ou la bêtise du mari, ou dignes du vaudeville du XIXe siècle. Et l'on n'oubliera pas ici que Flaubert, bourgeois malgré toute sa haine du bourgeois, était un ami de Feydeau, le père du célèbre vaudevilliste fort prisé de la bourgeoisie.

Pour revoir Léon, la première fois, Emma prétexte la nécessité d'avoir un avis d'expert sur la procuration qu'elle souhaite obtenir pour gérer elle-même la fortune commune des Bovary. En effet, selon les lois de l'époque, la femme était une éternelle mineure, et ne disposait donc d'aucun droit de gestion sur la fortune du couple. On note que Charles se fait doublement déposséder de sa virilité : en livrant sa fortune et en offrant sa femme, le tout dans la plus parfaite inconscience. Si Charles et Emma, en effet, font « *un assaut de prévenances* » pour aller à Rouen consulter Léon (p. 330), c'est simplement parce que Charles veut éviter de la fatigue à Emma. Celle-ci finit donc par l'emporter en usant « *d'un ton de mutinerie factice* », ce qui signifie que c'est par une minauderie outrageusement féminine qu'elle parvient à conquérir des droits dont, en tant que femme de son époque, elle n'aurait pas dû disposer.

La seconde ruse est plus ingénieuse encore. Cette fois, Emma obtient, comme pour la leçon d'équitation avec Rodolphe, que ce soit Charles lui-même qui la mette dans la situation de pouvoir rencontrer son amant. En effet, Emma semble soudain prise d'une forte envie d'améliorer son jeu au piano. Cependant, elle s'arrange pour que Charles cherche lui-même les professeurs et la pousse à prendre des leçons. On peut y lire une ruse d'Emma, bien sûr, décidée à ne pas exciter les soupçons, mais aussi la dépendance de la femme du XIXe siècle, qui, même avec un mari aussi faible que Charles, reste toujours subordonnée à l'homme, père ou époux. La perversité de la ruse d'Emma vient ici de sa façon de prendre chacun à témoin de son chagrin de ne pouvoir pratiquer son art, en remettant la faute sur le pauvre Bovary qui n'en peut mais, et passe pour un mari réactionnaire, notamment face à Homais, qui lui oppose la prétendue modernité des idées rousseauistes. « *Vous avez tort ! Il ne faut jamais laisser en friche les facultés de la nature. D'ailleurs, songez, mon bon ami* [dit le pharmacien], *qu'en engageant Madame à étudier, vous économisez pour plus tard sur l'éducation musicale de votre enfant ! Moi, je trouve que les mères doivent instruire elles-mêmes leurs enfants. C'est une idée de Rousseau, peut-être un peu neuve encore, mais qui finira par triompher, j'en suis sûr, comme l'allaitement maternel et la vaccination.* » (p. 336)

Cette tirade de M. Homais est comique, et d'un comique qui n'est pas des plus fins, en même temps que tragique. En effet, pour le lecteur qui, contrairement à Charles, sait parfaitement les « facultés de la nature » qu'Emma va développer à Rouen, le passage se charge d'un sens assez graveleux. Mais ce qui est nettement plus tragique, c'est qu'effectivement, les prétendues leçons de la mère, menant la famille à la ruine, feront faire des économies sur l'éducation de Berthe, qui n'en recevra pour ainsi dire aucune. Une fois encore, Homais, prêchant les idées de progrès (à travers les idées rousseauistes qui ont tout de même à l'époque près d'un siècle et sont donc loin d'être neuves), se trouve être, même sans le vouloir, le mauvais génie de la famille Bovary, une fois de plus.

30. QUE SYMBOLISE L'AVEUGLE ? (III, 5 ; III, 7 ; III, 8)

Le personnage de l'Aveugle, tout en étant dépeint par Flaubert avec la précision médicale la plus cruelle et la plus réaliste, est chargé d'une forte valeur symbolique. Venu chanter sous les fenêtres d'Emma agonisante, il précipite sa mort et signifie pis peut-être que sa damnation, le néant. Il est également, aux yeux d'Homais qui avait prétendu le guérir, le symbole vivant de son incompétence.

L'Aveugle n'a rien d'un vague spectre. Il fait l'objet d'une description quasi scientifique : « *Un amas de guenilles lui recouvrait les épaules, et un vieux castor défoncé, s'arrondissant en cuvette, lui cachait la figure mais, quand il le retirait, il découvrait à la place des paupières, deux orbites béantes tout ensanglantées. La chair s'effiloquait par lambeaux rouges ; et il en coulait des liquides qui se figeaient en gales vertes jusqu'au nez dont les narines noires reniflaient convulsivement.* » (p. 344) Cette description répugnante est à peine lisible : l'Aveugle est celui qui ne voit pas mais aussi que l'on ne veut pas voir. C'est un personnage tout à fait réaliste et, pourtant, sa laideur, impossible à considérer, le fait accéder au sublime, c'est-à-dire au sacré. En outre, il fait penser à un personnage qui, comme Tirésias dans Œdipe-roi, dans la tragédie grecque annonce l'avenir. Simplement, dans Madame Bovary, il n'y a aucun avenir pour l'héroïne. Du reste, la ritournelle de L'Aveugle n'a rien des paroles lourdes de sens des devins antiques.

Ce personnage à la frontière du réalisme et du sublime fait penser aux monstres bien connus de Victor Hugo (Quasimodo, Gwynplaine dans *l'Homme qui rit*), qui, eux aussi, sont le signe du sacré sur la terre. Mais, chez Flaubert, l'Aveugle ne signifie que l'impossibilité de toute transcendance. Chacun voit en lui son échec, même ceux qui tentent de le prendre de haut comme Hivert, le cocher, et Homais. L'Aveugle révèle également les hantises de ceux qui l'entendent mais n'entrent jamais en dialogue avec lui car l'Aveugle ne parle pas : inlassablement, il chante une ritournelle, toujours identique, mais dont Emma n'entendra la totalité qu'à sa mort.

Pour Emma, la voix de l'Aveugle « *se traînait dans la nuit comme l'indistincte lamentation d'une vague détresse ; et à travers la sonneries des grelots, le murmure des arbres et le ronflement de la boîte creuse,* [la diligence] *elle avait quelque chose de lointain qui bouleversait Emma. Cela lui descendait au fond de l'âme comme un tourbillon dans un abîme et l'emportait parmi les espaces d'une mélancolie sans bornes* » (p. 345). La voix de l'Aveugle traduit la détresse d'Emma quittant son amant. Puis, au moment de sa mort, la voix de l'Aveugle revient à ses oreilles. « *Emma se mit à rire d'un rire atroce, frénétique, désespéré, croyant voir la face hideuse du misérable qui se dressait dans les ténèbres éternelles comme un épouvantement.* » (p. 412). L'Aveugle n'a pas d'yeux : d'une certaine façon, on pourrait dire qu'il n'a pas de point de vue. Il est le point de vue d'autrui. Il symbolise ici la Mort qui vient chercher Emma, la Damnation ou le Néant. Les « *ténèbres éternelles* » renvoient en effet à l'enfer ou au néant. On peut pencher, dans cette interprétation, pour le néant, puisque la dernière phrase du chapitre III, 7 (p. 413) est « *Elle n'existait plus* », renvoyant à l'anéantissement d'Emma.

Pour Homais, la présence de l'Aveugle a une signification beaucoup plus triviale. Elle lui rappelle à son incompétence, puisque Homais avait promis à l'infirme la guérison, usant de ce prétexte pour parader, lors du dernier voyage d'Emma à Rouen. Les conseils de Homais à l'Aveugle paraissent à la fois condescendants (ils viennent d'un bourgeois et s'adressent à un homme du peuple) et absurdes à force de ne pas prendre en compte la situation financière du malheureux. Ainsi Homais « *lui demanda d'un ton paterne :*

Y a-t-il longtemps, mon ami, que tu as cette épouvantable infirmité ? Au lieu de t'enivrer au cabaret, tu ferais mieux de suivre un régime.

Il l'engagea à prendre de bon vin, de bonne bière, de bons rôtis. » (p. 382) Passons sur l'association éculée et méprisante que fait Homais entre pauvreté et alcoolisme. Le pharmacien achève de se déconsidérer aux yeux du lecteur en donnant à l'Aveugle un sou et en lui demandant de lui rendre deux liards (de la très petite monnaie). À l'inverse, Emma donne sa dernière pièce de cinq francs. Mais elle ne le fait que parce qu' *« il lui sembl [e] beau de la jeter ainsi. »*. Elle a l'impression d'acheter le sort. Mais cet Aveugle, contrairement aux pauvres des légendes édifiantes, n'a rien de divin et Emma ne sera pas sauvée.

C'est Homais qui triomphe de l'Aveugle, à coups d'articles parus dans *le Fanal de Rouen*. Faisant appel au progrès, au bon goût… et à l'avarice des bourgeois, importunés de se voir demander l'aumône, il réussit à le faire enfermer à l'hospice. On notera que cet enfermement des pauvres par les bourgeois qui veulent les soumettre à la loi du travail capitaliste, à l'opposé de la sacralisation médiévale qui voyait en l'infirme un protégé de Dieu, correspond tout à fait au mouvement retracé par Michel Foucault dans son *Histoire de la folie à l'âge classique*. De symbole, l'Aveugle devient une bouche inutile.

31. POURQUOI EMMA VOIT-ELLE ROUEN COMME UNE « BABYLONE » (III, 5) ?

Alors qu'elle se rend à Rouen pour voir son amant, Emma contemple, chaque jeudi, la ville qui s'étend à ses pieds, depuis la diligence. Tandis que Flaubert se livre à une description tout à fait réaliste de la ville normande, Emma voit en elle une « Babylone », complice de sa passion amoureuse et de l'adultère auquel elle va se livrer. La tension entre réalisme et subjectivisme flaubertien est maximale dans ce passage célèbre.

À première vue, le lecteur a affaire à une description très exacte de Rouen. Tous les éléments en sont présents et la vérité topographique est respectée. La description ne contient pas seulement des données romanesques (la cathédrale), mais aussi des éléments contemporains et a priori peu poétiques comme les cheminées des usines.

La ville tout entière se présente « confusément » (p. 339), noyée dans la fumée des usines et le brouillard du matin. La description, à l'imparfait, est immobile comme une vision : « *les îles, de formes oblongues, semblaient sur l'eau de grands poissons noirs arrêtés* ». De fait, le lecteur est projeté, pour ainsi dire, dans la rêverie d'Emma, et cette description, partant de bases tout à fait réalistes, se révèle à la fin onirique.

C'est ce qu'indique l'investissement affectif de la ville par Emma. « *Quelque chose de vertigineux se dégageait pour elle de ces existences amassées, et son cœur s'en gonflait abondamment, comme si les cent vingt mille âmes qui palpitaient là lui eussent envoyé toutes à la fois la vapeur des passions qu'elle leur supposait.* » (p. 340) Bien sûr, les Rouennais ne sont pas à l'unisson des passions d'Emma : il s'agit de sa part d'une simple projection. Rouen est une ville de gros négociants, et on peut imaginer l'ironie de Flaubert, lui-même Rouennais, les transformant, à travers les yeux d'Emma, en amoureux transis. C'est cette projection qui justifie l'assimilation de Rouen à Babylone.

Babylone, en effet, au XIXe siècle, représente le mal, « la grande Prostituée », dans la tradition de l'Apocalypse de Jean. On peut penser à un tableau comme « La mort de Sardanapale » de Delacroix. Babylone est la ville de la luxure et du péché. Il est naturel – et aussi dérisoire – qu'Emma, s'apprêtant à consommer un adultère bourgeois, voie dans Rouen Babylone. Ainsi « la vieille cité normande s'étalait à ses yeux comme une capitale démesurée, comme une Babylone où elle entrait. » (p. 340) Il faut noter ici le parallèle entre Emma qui se voit comme une grande débauchée parce qu'elle a un amant et M. Homais (p. 357) qui « *comme Madame Bovary sa voisine, interrogeait le clerc curieusement sur les mœurs de la capitale ; même il parlait argot afin d'éblouir… les bourgeois, disant turne, bazard, chicard, chicandard, Breda-street et je me la casse pour je m'en vais »*, donnant dans un genre « *folâtre et parisien qu'il trouvait du meilleur goût.* » (p. 357) Emma comme Homais se montrent stupides, incapables de maîtriser les véritables codes du bon goût et perdant tout sens de la réalité.

De fait, la description de Rouen est entièrement faite du point de vue d'Emma. Elle est un exemple du subjectivisme de Flaubert, dont on souligne souvent l'esthétique réaliste, mais pour qui la réalité est toujours vue par quelqu'un.

32. COMMENT ÉVOLUE LA RELATION D'EMMA ET DE LÉON ? (III, 6)

Alors que la relation de Léon et Emma est, à ses débuts, idyllique, réussissant la gageure de se trouver à la fois pure et libertine, elle ne tarde pas à devenir bientôt une liaison où Emma retrouve tout l'ennui de la vie conjugale.

La relation d'Emma et Léon débute sur une idylle comme le montre l'emploi systématique de la troisième personne du pluriel, p. 331-333, et p. 341-342 : Emma et son amant ne sont pas dissociables.

À première vue, il s'agit d'un amour pur et éthéré, conforme aux clichés romantiques. Ainsi, revenant à la tombée de la nuit de l'île où « *ils auraient voulu, comme deux Robinsons, vivre perpétuellement* », *et voyant la lune, cet éternel sujet de discours romantiques,* « *ils ne manquèrent pas à faire des phrases, trouvant l'astre mélancolique et plein de poésie* » (p. 332)… car il est évident, selon les critères romantiques que la mélancolie est poétique et attire les déclarations d'amour…

Cependant, cette idylle est aussi un adultère en bonne et due forme avec tout ce que cela implique de libertinage. Ce qui a tant choqué le lecteur bourgeois contemporain de Flaubert, au point de valoir un procès pour immoralité à l'écrivain, c'est qu'Emma ait des exigences physiques (Aujourd'hui l'attention du lecteur est surtout retenue par le romantisme d'Emma).

Ces exigences sont d'abord évoquées par métaphore : le texte insiste sur la gourmandise d'Emma qui se fait porter apporter des « *sirops à la glace* » (p. 331), mange avec Léon de la « *friture d'éperlan, de la crème et des cerises* » (p. 331-332). « *Elle riait d'un rire sonore et libertin quand la mousse du vin de Champagne débordait du verre léger sur les bagues de ses doigts.* » (p. 342)

Et surtout, même si Léon affecte d'avoir sur Emma un point de vue tout droit sorti des ouvrages dévorés par celle-ci dans sa jeunesse, (« *Elle était l'amoureuse de tous les romans, l'héroïne de tous les drames, le vague* elle *de tous les volumes de vers. Il retrouvait sur ses épaules la couleur ambrée de l'odalisque au bain ; elle avait le corsage long des châtelaines féodales, elle ressemblait aussi à la femme pâle de Barcelone, mais elle était par-dessus tout Ange !* » p. 342), il n'en apprécie pas moins sa sensualité comme le révèle la notation suivante : « *Rien n'était beau comme sa tête brune et sa peau blanche se détachant sur cette couleur pourpre quand, par un geste de pudeur, elle fermait ses deux bras nus, en se cachant la figure avec les mains.* » (p. 341) Certes, le lecteur n'a pas alors le point de vue d'Emma – cela aurait peut-être été trop subversif pour l'époque ; cependant le caractère charnel de l'adultère n'est pas caché. On trouve même un passage sur le fétichisme dont fait preuve Léon : « *C'étaient des pantoufles en satin rose bordées de cygne. Quand elle s'asseyait sur ses genoux, sa jambe alors trop courte, pendait en l'air ; et la mignarde chaussure, qui n'avait pas de quartier, tenait par les orteils à son pied nu.* » (p. 342)

S'adressant à Léon, Emma l'appelle « enfant ». C'est une façon de faire référence à un cliché romantique depuis Rousseau et sa maîtresse, Madame de Warens, qu'il appelait « Maman » (*Confessions*, VI). Mais Flaubert, marquant ainsi la différence d'âge entre les amants, montre que c'est Emma qui domine le couple : c'est elle « *l'éternel épouvantail des familles, c'est-à-dire la vague créature pernicieuse, la sirène, le monstre, qui habite fantastiquement les profondeurs de l'amour.* » (p. 370). Certes, ce portrait est entrevu par la mère de Léon, cependant, il est révélateur. La femme qui a des désirs est un monstre, selon le jugement de l'époque.

Mais, le temps passant, les délices de l'adultère s'estompent et la liaison revêt, pour Emma, le caractère ennuyeux du mariage. Il ne reste alors que le plaisir proprement physique. Flaubert réussit à l'évoquer en une image qui renvoie à la fois au désir d'Emma et à la peur qu'éprouve désormais Léon devant son amante trop exigeante selon lui : « *Elle se déshabillait brutalement, arrachant le lacet mince de son corset, qui sifflait autour de ses hanches comme une couleuvre qui glisse. Elle allait sur la pointe de ses pieds nus regarder encore une fois si la porte était fermée, puis elle faisait d'un seul geste tomber ensemble tous ses vêtements ; – et pâle, sans parler, sérieuse, elle s'abattait contre sa poitrine avec un long frisson.* » (p. 362) Ce tableau superbe convoque, bien évidemment, l'image d'Ève et du serpent. Le lecteur peut jouer sur l'onomastique Emma-Èva. Ainsi, d'idyllique, la liaison entre Emma et Léon devient ennuyeuse pour elle, et vénéneuse pour lui qui s'embourgeoise.

33. LÉON SE MONTRE-T-IL À LA HAUTEUR DES ATTENTES D'EMMA ? (III, 5)

Idéalisant Léon, Emma finit par se heurter une fois encore à la réalité : son amant n'est qu'un futur bourgeois. Elle tente de le modeler à sa guise, mais, s'il est assez faible pour n'oser lui résister, il lui en garde cependant rancune. Emma est, une fois encore livrée au « bovarysme », à l'attente de quelque chose d'autre. Mais cette fois, elle ne peut plus y croire. Seul reste l'ennui et l'envie de dormir ou de mourir.

Emma fait tout son possible pour que Léon ressemble à l'idéal de ses rêves, oubliant simplement de voir la véritable identité de son amant, sans doute parce qu'elle ne pourrait la supporter. « *Elle voulut qu'il se vêtît tout en noir et se laissât pousser une pointe au menton pour ressembler aux portraits de Louis XIII* » (p. 356)… ce qui est tout de même le comble quand on sait que Louis XIII aimait les hommes. Elle souffre de son avarice « *Elle voulut connaître son logement, le trouva médiocre ; il en rougit, elle n'y prit garde, puis lui conseilla d'acheter des rideaux pareils aux siens et comme il objectait la dépense :*

Ah, ah ! tu tiens à tes petits écus ! dit-elle en riant. » (p. 356)

Emma, qui s'est précipitée dans une course suicidaire, ne peut s'empêcher d'être déçue que Léon ne soit pas dans la même démarche qu'elle. À la fin, Léon est, selon les standards du temps, féminisé tandis qu'Emma occupe la place traditionnellement dévolue à l'homme. Elle a l'initiative. « *Il ne discutait pas ses idées, il acceptait tous ses goûts ; il devenait sa maîtresse plutôt qu'elle n'était la sienne.* » (p. 356)

Ce qui consomme la déception d'Emma à l'égard de Léon, c'est la lâcheté de ce dernier face à M. Homais. Incapable de refuser un verre au pharmacien, pris entre deux autorités, Léon gâche un des jeudis consacrés à leur liaison, et même si Emma se rend compte qu'elle a trop vite accusé son amant de tous les maux, « *le dénigrement de ceux que nous aimons toujours nous en détache quelque peu. Il ne faut pas toucher aux idoles : la dorure en reste aux mains.* » (p. 361)

Alors, Emma se réfugie à nouveau dans la rêverie. Cependant, si son insatisfaction est bien réelle, la possibilité de la combler s'éloigne. L'homme capable de la sauver de son marasme devient un rêve de plus en plus lointain. « *N'importe ! Elle n'était pas heureuse, ne l'avait jamais été. D'où venait donc cette insuffisance de la vie, cette pourriture instantanée des choses où elle s'appuyait ?… Mais s'il y avait quelque part un être fort et beau, une nature valeureuse, pleine à la fois d'exaltation et de raffinements, un cœur de poète sous une forme d'ange, lyre aux cordes d'airain, sonnant vers le ciel des épithalames élégiaques, pourquoi, par hasard, ne les trouverait-elle pas ? Rien, d'ailleurs, ne valait la peine d'une recherche ; tout mentait ! Chaque sourire cachait un bâillement d'ennui, chaque joie une malédiction, tout plaisir son dégoût et les meilleurs baisers ne vous laissaient sur la lèvre qu'une irréalisable envie d'une volupté plus haute.* » (p. 363)

Cette longue citation révèle l'état d'Emma Bovary. Ses rêves se font de plus en plus éthérés. Cependant, l'impossibilité même de leur réalisation la désespère, la conduit à souhaiter toujours plus et, devant l'impossibilité de ses désirs mêmes, à rejeter toute la vie en bloc. En effet, ses désirs trahissent, par leur formulation même, leur impossibilité. Où trouver un homme qui allie de tels contraires, soit une « *lyre aux cordes d'airain* », à la fois solide et éthéré ? Ainsi, « *en écrivant [à Léon] elle percevait un autre homme, un fantôme fait de ses plus ardents souvenirs, de ses lectures les plus belles, de ses convoitises les plus fortes et il devenait à la fin si véritable et si accessible qu'elle en palpitait émerveillée, sans pouvoir néanmoins le nettement imaginer, tant il se perdait, comme un dieu, sous l'abondance de ses attributs* » (p. 371). Écrasée par l'ampleur de ses rêves, Emma ne peut plus supporter la vie. « *Elle aurait voulu ne plus vivre ou continuellement dormir* » (p. 371). Ainsi, dès à présent et avant même qu'ait éclaté le scandale des dettes envers Lheureux, Emma, quoique ne songeant peut-être pas encore au suicide, attend néanmoins déjà la mort. La fin du roman est annoncée.

34. QU'ATTEND EMMA DE LÉON AU CHAPITRE III, 7 ?

Harcelée par ses créanciers, et notamment par Lheureux, Emma recourt au secours qui lui paraît le plus naturel : celui de son amant. Elle lui demande au moins une partie de la somme qu'elle doit. Or, Léon dit ne pas l'avoir. C'est alors qu'Emma lui suggère de la voler à son étude. C'est ce conseil qui consomme la rupture entre les amants.

Depuis un moment, Léon se lassait de sa liaison avec Emma. Il aspirait, en effet, à s'embourgeoiser. « *Il allait devenir premier clerc : c'était le moment d'être sérieux. Aussi renonçait-il à la flûte, aux sentiments exaltés, à l'imagination, - car tout bourgeois, dans l'échauffement de sa jeunesse, ne fût-ce qu'un jour, une minute, s'est cru capable d'immenses passions, de hautes entreprises. Le plus médiocre libertin a rêvé des sultanes ; chaque notaire porte en soi les débris d'un poète.* » (p. 370) L'individualité de Léon s'efface. Plus exactement, ce qui la caractérisait (le goût pour les arts et la poésie) faisait depuis toujours partie intégrante du stéréotype auquel il se réduisait : celui d'un bourgeois, peut-être d'un apprenti M. Homais ou Me. Guillaumin, pour citer les bourgeois d'Yonville; il aura eu, comme un autre, ses folies de jeunesse. Ce dont Emma avait fait un absolu se résumait pour Léon à ce dicton : il faut que jeunesse se passe. Il a eu comme un autre sa maîtresse convenable, sa femme mariée. Il est temps pour lui de passer à une autre étape de sa vie, d'autant qu'Emma commence à avoir un mauvais genre, « *des allures étranges* » (p. 370).

Ainsi, lorsqu'Emma lui demande de l'argent pour faire patienter ses créanciers, son premier réflexe est de lui dire qu'elle est « folle ». Il n'ose pas se dérober quand, le traitant de « lâche », elle l'engage à s'engager à sa place, c'est-à-dire à emprunter à son tour. Cette demande d'Emma correspond typiquement à la conception de l'amour romantique qui est sienne, où les intérêts de l'un et de l'autre sont mêlés. Cependant, pour Léon, la passion amoureuse s'arrête là où commencent les intérêts financiers. On peut donc douter qu'il aille effectivement, comme il le prétend, faire le tour de ses amis pour tâcher de leur emprunter de l'argent. En tous cas, lorsqu'Emma lui suggère de trouver de l'argent à l'étude où il travaille, c'est-à-dire de le voler, la réaction de Léon est la fascination, puis la crainte. « *Une hardiesse infernale s'échappait de ses prunelles enflammées, et les paupières se rapprochaient d'une façon lascive et encourageante ; - si bien que le jeune homme se sentit faiblir sous la muette volonté de cette femme qui lui conseillait un crime.* » (p. 380) La description est effectuée depuis le point de vue d'un personnage. Ici, c'est Léon qui voit en Emma une nouvelle Ève séductrice et tentatrice tout à la fois. Incapable d'opposer un refus à celle qu'il voit désormais comme une dangereuse sirène, mais craignant de devoir accepter cette idée, Léon ne trouve qu'un prétexte cousu de fil blanc, - mais qu'Emma veut croire dans sa détresse - pour échapper à ce dilemme, entre la passion et l'honorabilité bourgeoise. Il prétexte la venue d'un ami qui, sûrement, acceptera de lui prêter de l'argent la nuit même. Emma, qui pense d'abord qu'il s'agit d'un mensonge, finit par le croire et attendra sa venue de manière fébrile lorsque cette arrivée d'un ami sera l'une des dernières chances de salut avant le suicide (p. 390).

35. QUE TENTE, EN DERNIER RECOURS, EMMA POUR SE PROCURER DE L'ARGENT ? (III, 7 ; III, 8)

Poursuivie par Lheureux, menacée de saisie, Emma tente le tout pour le tout pour se procurer de l'argent. Si un reste d'honneur la pousse à se refuser à Maître Guillaumin, le notaire de Yonville, la panique la pousse ensuite à s'offrir pour de l'argent à Binet, le percepteur, et surtout à son ancien amant, Rodolphe.

Aux abois, Emma tente d'abord d'amadouer Lheureux. Celui-ci ne se laisse pas faire ; mais il la renvoie à ses « amis », lui suggérant clairement de demander de l'argent à ses amants et la poussant ainsi vers une forme de prostitution où Emma ne se donnerait plus gratuitement mais, d'une certaine façon, se vendrait. Or, la demande adressée à Léon s'est heurtée à un refus biaisé.

Madame Bovary commence alors une série de démarches de plus en plus humiliantes pour elle. D'abord, elle se rend, sur les conseils de sa servante Félicité, chez M. Guillaumin, le notaire. Ce dernier apparaît comme un vieux beau prétentieux qui, a contribué à la ruine d'Emma, « étant lié secrètement avec le marchand d'étoffes, chez lequel il trouvait toujours des capitaux pour les prêts hypothécaires qu'on lui demandait à contracter. » (p. 385). La scène se déroule au coin du feu. Dès l'abord, le galant notaire révèle ce pour quoi il prend Madame Bovary : pour un bel objet. « *Les belles choses ne gâtent rien* », lui dit-il en guise de compliment. De fait, Emma, qui est en train de se vendre, ne se transforme-t-elle pas elle-même en objet de convoitise pour hommes riches ? Cependant, Madame Bovary avait l'intention de vendre ses minauderies, tandis que M. Guillaumin, lui, attend du concret. Il ne veut pas être berné dans le marché qu'il s'apprête à conclure. On peut ici observer que le lecteur est placé face à toutes les ambiguïtés du bovarysme. Emma ne peut vivre sans attendre un sauveur masculin. Mais elle est incapable de voir que les sauveurs éthérés n'existent pas ; pis encore, qu'elle ne les désire pas, elle qui demandait de l'amour y compris physique à Rodolphe et Léon et de l'argent à Guillaumin. C'est ainsi que comprenant que Guillaumin lui propose un contrat aux termes triviaux, qui ne sont pas cachés sous une brume de phrases poétiques, Emma prononce sa superbe phrase, digne d'une maxime, tout droit sortie des romans de son adolescence : « *Vous profitez impudemment de ma détresse, monsieur ! Je suis à plaindre, mais pas à vendre* ! » (p. 387)

Pourtant, elle ne fait rien d'autre que de tenter de se vendre pendant la scène chez Binet, scène assez mystérieuse puisqu'on ne la voit que par le regard choqué des bonnes bourgeoises d'Yonville.

La dernière tentative, et la plus pénible, est d'adresser sa requête à Rodolphe, dont l'abandon l'a tant blessée. Aussi a-t-elle besoin de rassembler ses esprits avant d'entrer. « *Elle se recueillit une minute, et, retrempant son courage au sentiment de la nécessité présente, elle entra* » (p. 393). Les retrouvailles avec Rodolphe ressemblent à celles qu'Emma a connues avec Léon. Mais, tandis que Rodolphe parle le langage romantique, Emma, à son tour, parle celui des intérêts financiers. Elle met un prix à son amour, plus exactement elle en réclame des preuves. Or, Rodolphe refuse. C'est là qu'Emma retrouve sa dignité perdue. Mais le prix à payer pour cette liberté, pour pouvoir enfin se permettre de ne plus dépendre d'aucun homme, c'est la mort.

36. POURQUOI EMMA SE SUICIDE-T-ELLE ?

À première vue, Emma se suicide parce qu'elle est menacée de saisie par Vinçard, le prête-nom de Lheureux. Cependant, on peut également dire que, comme Don Quichotte, héros du roman de Cervantès tant apprécié de Flaubert, elle meurt d'avoir compris la vérité et d'être revenue de ses illusions. Elle ne veut plus désormais remettre son destin entre les mains d'aucun homme, qu'il soit son mari ou son amant. On peut dire, d'une certaine façon, que la mort d'Emma est à la fois contrainte par les circonstances et libre.

Emma, poursuivie par Lheureux, aurait pu s'en remettre à son mari qui lui aurait sûrement pardonné. Cependant, cette solution aurait impliqué de se fier à la générosité de Charles, générosité d'autant plus écrasante qu'elle était certaine. Elle aurait signifié pour Emma d'avoir des obligations morales envers un mari qu'elle haïssait plus que tout. « *Il n'y avait plus rien à faire maintenant ; et, quand Charles paraîtrait, elle allait donc lui dire :*

– Retire-toi. Ce tapis où tu marches n'est plus à nous. De ta maison, tu n'a pas un meuble, une épingle, une paille, et c'est moi qui t'ai ruiné, pauvre homme !

Alors, ce serait un grand sanglot, puis il pleurerait abondamment, et enfin, la surprise passée, il pardonnerait.

– Oui, murmurait-elle en grinçant des dents, il me pardonnera, lui qui n'aurait pas assez d'un million à m'offrir pour que je l'excuse de m'avoir connue… Jamais ! Jamais !

Cette idée de la supériorité de Bovary sur elle l'exaspérait. (p. 388)

Or, les hommes auxquels elle a accepté de demander, et notamment ses deux amants, se sont dérobés. Le premier mouvement est celui de la stupeur, à la limite de la folie. « Il lui sembla tout à coup que des globules couleur de feu éclataient dans l'air comme des balles fulminantes en s'aplatissant, et tournaient, tournaient, pour aller se fondre dans la neige, entre les branches des arbres. Au milieu de chacun d'eux, la figure de Rodolphe apparaissait. Ils se multiplièrent, et ils se rapprochaient, la pénétraient ; tout disparut. » (p. 398)

Cependant, c'est au moment où elle est le plus proche de la folie qu'Emma est délivrée de ses illusions. Ce qui est à noter, c'est que la décision du suicide n'est absolument pas justifiée. Elle est montrée de l'extérieur, en focalisation externe. « *Alors sa situation, telle qu'un abîme, se représenta. Elle haletait à se rompre la poitrine. Puis, dans un transport d'héroïsme qui la rendait presque joyeuse, elle descendit la côte en courant, traversa la planche aux vaches, le sentier, l'allée, les halles, et arriva devant la boutique du pharmacien.* » (p. 399) Le choix d'Emma est donné comme une décision libre, qu'aucun motif ne saurait suffisamment expliquer. On a le même choix narratif chez Stendhal, lorsque Julien décide, dans *Le Rouge et le Noir*, de tuer sa maîtresse. Chez Flaubert comme chez Stendhal, il s'agit de souligner le caractère libre et inexplicable de certaines actions.

37. DANS QUEL REGISTRE EST REPRÉSENTÉE L'AGONIE D'EMMA ? (III, 8)

L'agonie d'Emma est représentée dans un registre réaliste, et même, avec un réalisme saisissant. La vision de la mort qui est présentée ici est celle de l'anéantissement d'un corps au terme de violentes souffrances.

Si dans un premier temps, Emma, qui ne ressent rien, rêve de la mort comme d'un simple sommeil (« *Ah ! C'est bien peu de choses, la mort ! pensait-elle ; je vais m'endormir et tout sera fini !* », p. 401), elle est bien vite rappelée à la réalité. Pour Flaubert, qui est issu d'une famille de médecins, la mort n'a rien à voir avec un assoupissement. Elle est avant tout combat, lutte (c'est le sens grec du mot « agonie ») d'un corps qui est attaqué de l'extérieur.

Ainsi, le lecteur se voit-il mis en face de tout les signes cliniques de l'empoisonnement par l'arsenic : soif inextinguible, vomissements, étouffements, convulsions. Bientôt, Emma n'est plus qu'un corps souffrant. C'est autour de son lit que se passe l'action, là où ceux qui vont rester s'agitent en vain. Quant à Emma, le lecteur n'a plus accès à ses pensées que par l'intermédiaire de ses cris de douleurs : elle devient tout entière son mal. Le lecteur n'a plus son point de vue; elle est, en effet, simplement perçue par son entourage, à la manière déjà d'un cadavre. « *Des gouttes suintaient sur sa figure bleuâtre, qui semblait comme figée dans l'exhalaison d'une vapeur métallique. Ses dents claquaient, ses yeux agrandis regardaient vaguement autour d'elle, et à toutes les questions, elle ne répondait qu'en hochant la tête ; même elle sourit deux ou trois fois. Peu à peu, ses gémissements furent plus forts.* » (p. 402) Plus loin, le narrateur parle de « *la face cadavéreuse d'Emma, étendue sur le dos, la bouche ouverte* ». Il s'agit là de ce que l'on nomme en médecine le « faciès hippocratique », du nom du célèbre médecin grec antique, Hippocrate. Le « faciès hippocratique » signifie que le patient va décéder.

Charles accroît l'horreur du tableau par sa désolation, et lorsqu'il est dit que « *jamais le pharmacien n'avait cru qu'il pût y avoir de si épouvantable spectacle* » (p. 402), c'est au moins autant à cause du désespoir de Charles que du fait de l'agonie d'Emma. Du reste, ce chagrin de Charles est d'autant plus saisissant que, d'une certaine façon, c'est par haine de lui et pour n'avoir à lui être reconnaissante en rien qu'Emma s'est donné la mort. Horrible aussi par son caractère décalé est la réaction de la petite Berthe qui, réclamée par sa mère, se figure que c'est... le jour des étrennes, puis s'effraie à l'aspect de sa mère, signifiant clairement, avec son innocence enfantine, ce que Charles ne veut pas voir : qu'Emma va mourir.

M. Homais et le docteur Canivet, quant à eux, amènent un mélange des genres en ajoutant une touche quasi comique, tant ils font penser à des médecins tout droit sortis d'une pièce de Molière, alignant des évidences au chevet de l'agonisante. « *Homais, immobile, poussait de gros soupirs, et M. Canivet, gardant toujours son aplomb, commençait néanmoins à se sentir troublé.*

Diable !... Cependant... Elle est purgée, et, du moment que la cause cesse...

L'effet doit cesser, dit Homais ; c'est évident. » (p. 405)

Le lecteur se souvient que la purgation est l'un des moyens d'action favoris des médecins de Molière (l'un des plus célèbres d'entre eux se nomme du reste Purgon).

Toute autre est la stature du docteur Larivière. Pour le mettre en scène, Flaubert s'est inspiré de son père. Son portrait est très laudatif : *« Il appartenait à la grande école chirurgicale sortie du tablier de Bichat, à cette génération, maintenant disparue, de praticiens philosophes qui, chérissant leur art d'un amour fanatique, l'exerçaient avec exaltation et sagacité ! »* (p. 406) Cependant, le docteur Larivière ne peut que constater l'état désespéré d'Emma et exhorter Charles au courage, dans un monde où rien, même la science la plus avisée, n'est de taille à lutter contre la mort.

38. EN QUOI FÉLICITÉ EST-ELLE UN DOUBLE IRONIQUE D'EMMA ? (III, 10)

La servante Félicité est un double ironique d'Emma parce qu'elle va précisément réussir là où sa maîtresse a échoué : elle va se faire enlever par son amant loin d'Yonville. Du reste, son prénom même est ironique puisqu'il renvoie à un bonheur qu'Emma ne connaîtra guère que par ses romans…

Félicité est recrutée assez jeune par Madame Bovary pour être en mesure d'adopter toutes les manières que celle-ci juge correspondre à son propre statut social. Ainsi « *Emma prit à son service une jeune fille de quatorze ans, orpheline et de physionomie douce. Elle lui interdit les bonnets de coton, lui apprit qu'il fallait vous parler à la troisième personne, apporter un verre d'eau dans une assiette, frapper aux porte avant d'entrer, et à repasser, à empeser, à l'habiller, voulut en faire sa femme de chambre.* » (p. 94) Après le bal de la Vaubyessard, le premier geste d'Emma a été de renvoyer sa bonne, Nastasie, et d'en former une autre à sa convenance, comme si la domestique était l'image même de la maîtresse, et qu'à une maîtresse stylée, doive nécessairement correspondre une domestique qui le soit tout autant.

Du reste, Félicité est une mauvaise domestique selon les critères de bonne gestion bourgeoise. En effet, « *comme Madame, d'habitude, laissait la clef au buffet, Félicité, chaque soir, prenait une petite provision de sucre qu'elle mangeait toute seule, dans son lit, après avoir fait sa prière.* » (p. 94) Emma, avec ses prétentions à la noblesse, se moque des règles d'économie bourgeoise et ne se préoccupe donc pas des larcins domestiques. Ainsi, plus loin dans le roman, on apprend que Félicité nettoie sans façons les bottes d'Emma parce que cette dernière les abandonne à sa domestique aussitôt qu'elles sont défraîchies. Cependant, la conduite de Félicité et celle d'Emma ne sont pas symétriques. Le gaspillage d'Emma est pure perte pour elle, alors que le gaspillage des affaires de sa maîtresse par la domestique procure à cette dernière du profit.

De plus, tandis qu'Emma meurt de ses dettes, Félicité en profite pour récupérer les robes de sa maîtresse. L'illusion en devient même parfois complète aux yeux de Charles : « *Félicité portait maintenant les robes de Madame ; non pas toutes, car il en avait gardé quelques-unes, et il les allait voir dans son cabinet de toilette où il s'enfermait ; elle était à peu près de sa taille, souvent Charles, en l'apercevant par derrière, était saisi d'une illusion et s'écriait :*

– Oh ! Reste ! Reste ! » (p. 432)

Toutefois, cette illusion est de courte durée. Félicité, accomplissant les rêves qui furent ceux d'Emma, disparaît, enlevée par son amant : « *Mais, à la Pentecôte, elle décampa d'Yonville, enlevée par Théodore, et en volant tout ce qui restait de la garde-robe.* » (p. 432) Peut-on hasarder l'hypothèse que la ruine de la bourgeoise Bovary laisse la place à la classe sociale située immédiatement en dessous d'elle ? D'autre part, éduquée pour être le reflet d'Emma, Félicité finit donc par prendre sa place : on a ici une version réaliste du thème fantastique du double.

39. QUE SIGNIFIE LE TRIOMPHE FINAL D'HOMAIS ? (III, 11)

Tandis que son vieil adversaire, le curé Bournisien, semble sombrer dans le gâtisme, M. Homais, au contraire, triomphe. Décoré de la croix d'honneur, il supplante tous les médecins diplômés désireux de s'installer à Yonville. Ce triomphe d'Homais est, en fait, le symbole de la victoire de la bourgeoisie, pour autant qu'elle reste dans sa classe – et avec elle, selon Flaubert de la bêtise – au XIXe siècle.

À la fin du roman, le triomphe d'Homais se marque par une série de victoires. La première est celle qu'il remporte, à coups d'articles assassins dans *Le Fanal de Rouen,* contre son vieil ennemi, l'Aveugle, qu'il réussit, comme on l'a vu, à faire enfermer. Il s'agit, certes, d'une victoire remportée par la bourgeoisie contre le peuple, néanmoins, il est également permis d'avoir de ce succès d'Homais une autre lecture. Puisque ce triomphe est remporté à la seule force de la plume, on peut y voir le triomphe d'un certain type d'écrivain ou, plutôt, de journaliste. De même que Balzac dans les *Illusions perdues,* Flaubert dénonce ici la toute-puissance de l'Opinion et de la Presse ; la différence, c'est que, chez Balzac, il s'agit de la presse parisienne et que les journalistes ont une envergure nationale, alors que dans *Madame Bovary,* on a affaire à M. Homais tentant de se débarrasser d'un aveugle à travers un journal d'envergure locale. Le lecteur assiste à l'avènement de la Bêtise.

La seconde victoire d'Homais est celle qu'il remporte sur la religion, personnifiée par le curé Bournisien. Dans un premier temps, les deux adversaires, veillant le cadavre d'Emma, finissent par se réconcilier en partageant la collation funèbre avant de sombrer tout deux dans le sommeil, jusqu'à faire entendre un ronflement commun. Mais, cette réconciliation n'est pas suffisante : Homais finit par triompher tout à fait de son vieil ennemi, qui en arrive à se caricaturer lui-même, selon le pharmacien, certes, mais probablement aussi aux dires de tout Yonville puisque, cette fois, aucune voix contraire ne se fait entendre : « *D'ailleurs, le bonhomme tournait à l'intolérance, au fanatisme, disait Homais ; il fulminait contre l'esprit du siècle, et ne manquait pas, tous les quinze jours au sermon, de raconter l'agonie de Voltaire, lequel mourut en dévorant ses excréments, comme chacun sait.* » (p. 436-437)

Comme tout bourgeois, M. Homais ne peut réussir que dans le cadre de la famille, parce qu'il est un homme sensible à sa façon…, mais surtout parce que la bourgeoisie se comprend d'abord comme soif de transmettre un patrimoine. Or, tandis que la stratégie familiale de Bovary est un échec, celle d'Homais connaît un succès éclatant. « *En face de* [Bovary] *s'étalait, florissante et hilare, la famille du pharmacien, que tout au monde contribuait à satisfaire. Napoléon l'aidait au laboratoire, Athalie lui brodait un bonnet grec, Irma découpait des rondelles de papier pour couvrir les confitures, et Franklin récitait tout d'une haleine la table de Pythagore. Il était le plus heureux des pères, le plus fortuné des hommes.* » (p. 437) Cette énumération est, bien sûr, comique : ainsi « Napoléon » n'est plus le guerrier bien connu, mais le fils du pharmacien et l'un de ses héritiers. Athalie, la terrible reine juive de la Bible et, surtout, de la tragédie racinienne, en est réduite, dans sa version homaisienne, à broder les fameux bonnets grecs de son pharmacien de père… S'appropriant la mythologie, la bourgeoisie, selon Flaubert, la dégrade et la nivelle selon ses propres non-valeurs.

Le triomphe de M. Homais se fait néanmoins attendre pour la plus grande joie du lecteur, qui peut voir le pharmacien plonger toujours plus avant dans la bassesse. Après s'être signalé aux autorités pour obtenir la croix d'honneur, et avoir fait l'allégeance la plus complète au gouvernement, « *chaque matin, l'apothicaire se précipitait sur le journal pour découvrir sa nomination ; elle ne venait pas. Enfin, n'y tenant plus, il fit dessiner, dans son jardin, un gazon figurant l'étoile de l'honneur, avec deux petits tordillons d'herbe qui partaient du sommet pour imiter les rubans* » (p. 438). Ce jardin de M. Homais préfigure d'autres jardins proclamant la bêtise de leurs créateurs, tel celui de Bouvard et de Pécuchet. Cependant, comme la bêtise et, bien sûr, ce qui va de pair pour Flaubert, la bourgeoisie, doivent triompher, la fin du roman marque la victoire définitive de M. Homais : « *Depuis la mort de Bovary, trois médecins se sont succédé à Yonville sans pouvoir y réussir, tant M. Homais les a tout de suite battus en brèche. Il fait une clientèle d'enfer ; l'autorité le ménage et l'opinion publique le protège.*

Il vient de recevoir la croix d'honneur. » (p. 441)

Happy end pour bourgeois qui voient triompher leur idole ou, plutôt, digne fin de ce roman de l'incompétence et de la bêtise qu'est *Madame Bovary* ? Le triomphe de M. Homais, le pharmacien, sur le médecin Bovary est le triomphe de l'usurpation du plus incompétent qui ne doit sa clientèle qu'à sa tranquille assurance. (p. 176)

40. QUE SIGNIFIE LE SORT FINAL DES AUTRES PERSONNAGES ? (III, 11)

À première vue, le sort réservé aux différents personnages à la fin du roman semble consacrer la Bourgeoisie et sa juste mesure contre les abus de la passion. Cependant, il s'agit aussi d'une apothéose de la Bêtise, tant à travers la réussite, déjà examinée, de M. Homais, qu'à travers l'échec d'autres protagonistes.

On peut tout d'abord lire le finale de *Madame Bovary* comme un juste reflet de l'histoire de son temps, représentant le triomphe de la bourgeoisie sur le clergé et les classes populaires. Léon, qui se voulait romantique, fait allégeance à sa classe sociale en se mariant (avec une demoiselle Lebœuf... : il est dit qu'il n'échappera pas aux bovins – cf. « Bovary ») et en s'installant notaire à Yvetot.

De fait, il s'agit d'une consécration du calcul et du juste milieu (valeurs prônées par le gouvernement de Louis-Philippe, dit le roi-bourgeois). Charles, qui perd le sens de la mesure dans son deuil, en meurt et condamne sa fille à une vie d'ouvrière. Son rêve d'ascension sociale (p. 258) est donc sanctionnée par un échec. D'une certaine façon, on peut dire que Charles meurt comme un héros romantique, se consumant d'amour, une mèche de cheveux de sa bien-aimée défunte à la main. Cependant, cette mort même fait l'objet d'un commentaire terrible de la part du narrateur : « *Trente-six heures après, sur la demande de l'apothicaire, M. Canivet accourut. Il ouvrit* [Charles] *et ne trouva rien.* » (p. 440) Certes, cette phrase signifie au sens propre que Canivet ne trouve aucune cause de sa mort et, notamment, ne peut conclure à un suicide. Mais elle renvoie aussi à ce néant abyssal qu'est Charles et, puisqu'il s'est, depuis la mort d'Emma, transformé en héros romantique, à la vacuité de cet idéal. Pour Théophile Gautier, la bêtise est « un néant fluide ». La force du roman de Flaubert est que cette définition s'adapte à tous les personnages. Le néant de Charles, personnage finalement romantique, est complété par le néant d'Homais, personnage réaliste.

Le sort de Berthe pose le problème de la moralité du roman. S'agit-il, pour Flaubert, de jeter le blâme sur la conduite des époux Bovary en montrant leur fille réduite, à la suite des dépenses de sa mère, au pire sort qui soit au XIXe siècle, à celui d'ouvrière dans une filature de coton ? En fait, on peut bien plutôt estimer qu'il s'agit d'un constat sans jugement. Il est vrai qu'en ce XIXe siècle bourgeois, les belles passions mènent à la ruine (et on opposera, à la famille Bovary ravagée, la prospérité de la famille Homais). Mais, il convient de noter, à la fin du roman, le passage au présent de narration. Tout se passe comme si une voix narrative, qui s'était effacée depuis le début du roman et la description d'Yonville, revenait pour agir un peu à la façon d'un chœur antique qui rappellerait au héros la voie-voix de la juste mesure. Mais, au XIXe siècle, la juste mesure antique s'est dégradée en morale rigide, peureuse et bête du juste milieu.

■ 4 ÉTUDES

ÉTUDE 1 LE PROCÈS BOVARY ET LA MORALITÉ DE L'ŒUVRE

Le 29 janvier 1857, Flaubert comparaît devant la 6e chambre criminelle du tribunal correctionnel de Paris – celles des escrocs, des proxénètes et des prostituées. À ses côtés sont inculpés également le directeur de la *Revue de Paris,* où est paru le roman, et l'imprimeur de cette dernière. Aujourd'hui, ce procès nous semble surtout révéler le caractère étriqué de l'époque puisque, quelques mois plus tard, c'est au tour d'une autre œuvre majeure du XIXe siècle, *Les Fleurs du mal,* de valoir à son auteur, Baudelaire, inculpation – et condamnation.

Cependant, il faut prendre ce procès au sérieux : en effet, il constitue un document sur la réception de *Madame Bovary* par un certain public. En ce sens, il nous apprend quelque chose sur le roman. Le débat entre le procureur impérial, Pinard, et M. Sénard, l'avocat de Flaubert, porte sur la moralité de l'œuvre. Bien sûr, nous aurions tendance, de nos jours, à déclarer qu'une œuvre n'a pas à être morale. Cependant, cette question a le mérite de poser le problème du sens de *Madame Bovary*. On sait, en effet, que Flaubert avait l'ambition de réaliser une œuvre sur rien, qui ne tînt que par son style. À l'inverse, le reproche d'immoralité implique que l'œuvre soit jugée au niveau de son contenu, non au point de vue de sa forme. Pour tirer le débat au clair, nous envisagerons d'abord les arguments du procureur Pinard, puis ceux de M. Sénard, avant de voir ce qui, dans le style de Flaubert, a pu générer ce reproche d'immoralité.

1. LE RÉQUISITOIRE DU PROCUREUR PINARD

Le procureur impérial retient contre Flaubert deux chefs d'inculpation : offense à la morale publique et offense à la religion. Selon lui, l'auteur de *Madame Bovary* aurait bafoué la morale publique par ses tableaux lascifs – le procureur affirme du reste que la couleur générale du roman est la « couleur lascive » - et se serait moqué de la religion en mêlant dans son roman les images voluptueuses aux choses sacrées. Pinard insiste, en effet, sur l'érotisme du roman, en montrant Emma comme une femme voluptueuse qui, loin de se repentir d'avoir un amant, en est fière et heureuse.

Ce point mérite d'être souligné. De nos jours, nous avons tendance à voir Emma comme une femme éthérée, perdue dans ses lectures. Les contemporains de Flaubert, au contraire, furent marqués par son côté charnel et voluptueux. Emma n'est pas seulement un Don Quichotte au féminin…

Ensuite, selon le procureur, Flaubert a eu le tort de célébrer, à travers le portrait d'une femme adultère, et séduisante (« *Jamais Madame Bovary ne fut aussi belle qu'à cette époque* [celle de l'adultère avec Rodolphe] ; *elle avait cette indéfinissable beauté qui résulte de la joie, de l'enthousiasme, du succès et qui n'est que l'harmonie du tempérament avec les circonstances. […] Ses paupières semblaient taillées tout exprès pour ses longs regards amoureux où la prunelle se perdait tandis qu'un souffle fort écartait ses narines minces et relevait le coin charnu de ses lèvres, qu'ombrageait à la lumière un peu de duvet noir. On eût dit qu'un artiste habile en corruptions avait disposé sur sa nuque la torsade de ses cheveux : ils s'enroulaient en une masse lourde, négligemment et selon les hasards de l'adultère qui les dénouait tous les jours.* » (p. 257, passage cité au procès). Or, trouver de la beauté dans le mal, dissocier, pour tout dire, la morale de la beauté, c'est ce que fait également Baudelaire dans *Les Fleurs du Mal*, recueil paru la même année que le roman de Flaubert. Au reste, le portrait d'Emma est lui-même très baudelairien... Les deux écrivains avaient en commun de vouloir dépeindre la modernité, donc, de ne plus reproduire à l'infini des canons de beauté éculés. Il n'est pas indifférent qu'Emma ait les cheveux bruns (ce qui connote le péché, à la différence du blond).

D'autre part, le procureur Pinard estime que le mélange de la religion et de la volupté, ressenti, par exemple, par Emma au couvent, est une offense à la religion.

Enfin, il explique l'immoralité de l'œuvre par son genre en la ramenant au « genre descriptif » ou « peinture réaliste ».

Il ouvre, ce faisant, un dossier conflictuel. La notion de réalisme est une notion défendue en littérature par Champfleury et, surtout, en peinture, par Courbet qui a peint *Les Casseurs de pierre* en 1849, œuvre saluée par Proudhon comme socialiste, et qui expose au Salon de 1850-1851 *L'enterrement à Ornans*. Comme on le voit, accuser Flaubert de réalisme, c'était l'accuser d'avoir sacrifié à une esthétique controversée, aux présupposés moraux et politiques douteux.

Le procureur s'adresse à lui-même une objection : il est vrai qu'Emma finit par payer son adultère de sa vie. Mais, selon lui, le roman n'en est pas plus moral pour autant. En effet, de nombreux « *détails lascifs* » dans l'œuvre séduisent l'imagination du lecteur. En outre, Madame Bovary meurt à son heure, en pleine jeunesse, dans toute sa beauté, regrettée de son mari.

En effet, il n'est pas un personnage dans le livre, pas un point de vue qui condamne formellement Emma. L'honneur conjugal est représenté par un mari stupide et béat qui ne sait que pardonner, l'opinion publique, par des sots tels Homais, la religion par le curé Bournisien, tout aussi « *grotesque* » qu'Homais et même « *matérialiste* ». Et surtout, le procureur constate qu'il n'y a pas de « *conscience de l'auteur* », c'est-à-dire de point de vue de l'auteur omniscient pour condamner.

Enfin, Pinard conclut par la péroraison suivante : « *L'art sans règles n'est plus l'art, c'est une femme qui quitterait tout vêtement. Imposer à l'art l'unique règle de la décence publique, ce n'est pas l'asservir, mais l'honorer. On ne grandit qu'avec une règle.* »

Mais peut-on parler d'une « absence de règle » pour l'œuvre de Flaubert ? Quelle est alors la règle qu'il suit ?

2. LA DÉFENSE DE M. SÉNARD

Selon l'avocat de la défense, M. Sénard, la pensée qui a présidé à la conception de *Madame Bovary* est « éminemment morale et religieuse ». Il se serait agi pour Flaubert d'exciter à la vertu par l'horreur du vice. Flaubert, pour M. Sénard, « appartient à l'école réaliste en ce sens qu'il s'attache à la réalité des choses. Il appartient à l'école psychologique en ce sens que ce n'est pas la matérialité des choses qui le pousse mais le sentiment humain, le développement des passions dans le milieu où il est placé. ». L'avocat replace donc Flaubert dans une tradition littéraire, celle du roman psychologique, qui a acquis ses lettres de noblesse.

D'autre part, il résume ainsi l'intrigue de *Madame Bovary :* c'est « l'histoire de l'éducation trop souvent donnée en province, histoire des périls auxquels elle peut conduire, histoire de la dégradation, de la friponnerie, du suicide considéré comme conséquence d'une première faute. » En bref, il s'agit de la triste peinture d'une jeune fille à qui son père a fait donner une éducation au-dessus de sa condition et qu'une union mal assortie pousse au vice.

Pour son avocat, Flaubert doit être jugé sur l'ensemble de son roman et non, comme le préconise le procureur impérial, en fonction de « détails lascifs ». Le portrait de Rodolphe et celui de Léon suffisent à révéler les « souillures de l'adultère ». D'ailleurs, son client n'a-t-il pas déversé l'opprobre sur Emma et fait de Charles un personnage digne d'intérêt, un brave homme, qui reste jusqu'au bout dans la voie du devoir ? Le décès de Charles, comparé à celui d'Emma, ne révèle-t-il pas cette différence de traitement des deux personnages ?

Quant aux passages incriminés par le procureur impérial, notamment celui-ci : « *Elle se déshabillait brutalement, arrachant le lacet mince de son corset qui sifflait autour de ses hanches comme une couleuvre qui glisse. […] Cependant, il y avait sur ce front couvert de gouttes froides, sur ces lèvres balbutiantes, dans ces prunelles égarées, dans l'étreinte de ces bras, quelque chose d'extrême, de vague et de lugubre qui semblait à Léon se glisser entre eux subtilement, comme pour les séparer.* » (p. 362), Sénard y lit plutôt la rançon du péché que sa récompense, affirmant « *la mort est dans ces pages* ».

Pour l'avocat, textes en mains, Flaubert s'est inspiré des prédicateurs du XVIIe siècle, Bossuet et Massillon. Quant à sa critique de la religion, il s'agirait surtout d'un appel à une religiosité plus sévère, moins sensible et moins relâchée.

La scène de l'extrême-onction administrée à Emma avant sa mort s'inspire, pour sa part, du rite catholique. Et, si elle est interrompue par le chant de l'Aveugle, ce n'est qu'une façon, pour Flaubert, de rappeler la faute d'Emma, par un mélange grotesque des genres que pratiquèrent aussi Shakespeare et Goethe, puisque Madame Bovary avait coutume d'entendre cette ritournelle quand elle allait retrouver son amant. Enfin, toujours pour répondre à l'inculpation d'offense à la religion, l'avocat rappelle que si Bournisien n'est pas intelligent, il accomplit du moins tous ses devoirs de curé de campagne et que son contradicteur, le pharmacien Homais, est présenté comme stupide.

Cette plaidoirie, et sans doute aussi la situation sociale de la famille Flaubert, conduiront à un acquittement des trois accusés. Flaubert recevra néanmoins un « *blâme sévère car la mission de la littérature doit être d'orner et de récréer l'esprit en élevant l'intelligence et en épurant les mœurs plus encore que d'imprimer le dégoût du vice en offrant le tableau des désordres qui peuvent exister dans la société.* » Selon le tribunal, l'écrivain doit donc proposer des exemples et non des contre-exemples. Ce procès donnera à *Madame Bovary* un parfum de scandale qui comptera beaucoup dans son énorme succès de librairie.

Cependant, que nous apprend ce procès sur l'œuvre ? Si nous rouvrons le dossier un siècle et demi après, qu'en est-il de la morale de *Madame Bovary* ?

3. LES LEÇONS D'UN PROCÈS

De fait, il semble que le procureur impérial Pinard ait au moins raison sur un point : Flaubert, dans son roman, ne prend pas parti. Jamais il ne juge ses personnages du haut de sa position de narrateur omniscient, à la différence de Balzac. En effet, Flaubert est le premier romancier à avoir systématisé l'emploi du discours indirect libre. Il s'agit d'une variante de discours indirect, mais dont on a supprimé la phrase introductive : le personnage dit ou pense que…

Cela signifie que *Madame Bovary* est une série de points de vue de personnages. Le lecteur doit sans cesse effectuer un travail d'interprétation pour attribuer telle pensée à tel personnage. C'est ainsi que le lecteur ne peut jamais lire un portrait de la petite Berthe Bovary qui ne relève pas du point de vue de l'un de ses parents. Pour Flaubert, il n'y a de vérité que subjective.

Cependant, même si le narrateur ne prend jamais explicitement position, on peut néanmoins sentir sa présence grâce à son usage de l'ironie. Ainsi, la scène de la première rencontre de Charles et d'Emma, donnée du point de vue de Charles, pourrait passer pour très romantique, si elle ne se finissait de la sorte : « *Charles, par galanterie, se précipita [pour ramasser sa cravache] et, comme il allongeait aussi son bras, dans le même mouvement, il sentit sa poitrine effleurer le dos de la jeune fille, courbée sous lui. Elle se redressa toute rouge et le regarda par-dessus l'épaule, en lui tendant son nerf de bœuf.* » (p. 40) L'allusion ironique au nerf de bœuf, renvoyant évidemment, par métaphore, à Charles Bovary, fait de ce passage une scène parodique de la scène de première rencontre telle qu'elle est décrite dans les romans romantiques.

D'autre part, même sans prendre parti, Flaubert peut choisir de rendre une scène comique en superposant certaines voix dissonantes.

Par exemple, lors de la célèbre scène des comices agricoles, les paroles en apparence romantiques, en réalité captieuses, de Rodolphe, et les discours convenus des bourgeois se disqualifient les uns les autres par leur superposition même. Les paroles comme les discours apparaissent alors pour ce qu'ils sont : de vaines figures de rhétorique, des assemblages de lieux communs. Ainsi, le procureur Pinard n'avait pas forcément tort de souligner l'incrédulité et le scepticisme de Flaubert. Par exemple, la superposition des arguments rebattus de Homais et du curé Bournisien donne le sentiment d'une bêtise universelle, également répartie dans les deux camps.

Madame Bovary est certes punie de ses dites fautes mais celles-ci, justement, ne sont jamais nommées comme telles par aucun narrateur. Il faut donc en conclure que le procureur avait raison et que le roman de Flaubert n'est pas une œuvre morale. Se pose alors la question de savoir si une œuvre littéraire doit être, comme le prétend le tribunal, morale.

Il est faux, pourtant, de prétendre, comme le fait le procureur, que le roman a été écrit sans règle. Le fait même de ne pas prendre parti obéit à une discipline très dure que Flaubert s'est imposée avec de grandes difficultés. C'est précisément pour respecter l'idée très haute qu'il se fait de la littérature que l'écrivain refuse d'apparaître dans son roman pour y prendre parti de façon explicite. Le roman est un univers à part entière où l'auteur doit être, comme Dieu selon Pascal, partout et nulle part. « *L'artiste doit être dans son œuvre comme Dieu dans la création, invisible et tout puissant ; qu'on le sente partout mais qu'on ne le voie pas* », écrit Flaubert à une amie, Mlle Leroyer de Chantepie, le 18 mars 1857. En effet, qui lit *Madame Bovary* sent la main de l'auteur dans la disposition des événements ou des discours, mais ne peut jamais désigner clairement son intervention. Ce sont donc les exigences de l'écriture, du style, et non celles d'une morale imposée à l'œuvre de l'extérieur qui commandent la démarche de l'écrivain. Ce refus de traduire une idéologie, des valeurs étrangères à l'œuvre, Flaubert l'affirme quand il déclare vouloir écrire un livre sur rien : « *Ce qui me semble beau, ce que je voudrais faire, c'est un livre sur rien, un livre sans attache extérieure, qui se tiendrait de lui-même par la force interne de son style, comme la terre sans être soutenue se tient en l'air, un livre qui n'aurait presque pas de sujet ou du moins où le sujet serait presque invisible, si cela se peut. Les œuvres les plus belles sont celles où il y a le moins de matière ; plus l'expression se rapproche de la pensée, plus le mot colle dessus et disparaît, plus c'est beau.* », écrit-il à Louise Colet, sa maîtresse, le 16 janvier 1852. Cela ne signifie pas que *Madame Bovary* soit un roman dépourvu de sujet, mais que ce sujet est indifférent à la beauté générale de l'œuvre. En outre, il n'obéit à aucune contrainte sociale, ou morale, extérieure au monde même évoqué dans le roman.

Ainsi, les accusations du procureur impérial sont, de son point de vue, justifiées. *Madame Bovary* n'est pas, quoi que dise l'avocat de Flaubert, un roman moral. Il est également logique qu'après s'en être pris à Flaubert, Pinard attaque Baudelaire. Le romancier comme le poète, en effet, élaborent, chacun à sa manière, une esthétique qui n'obéit qu'aux seules règles du style et ne découle pas de la morale en vigueur. D'une certaine façon, Baudelaire ira encore plus loin, en recourant systématiquement au laid, au mal et au bizarre pour créer une esthétique nouvelle.

Étude 2 La bêtise

Le thème de la bêtise a fasciné Flaubert tout au long de son œuvre, de *Madame Bovary* à *Bouvard et Pécuchet,* roman inachevé de la quête du savoir par deux imbéciles. Au reste, le projet de l'écriture du *Dictionnaire des idées reçues*, catalogue de poncifs, l'a accompagné tout au long de sa vie.

Cependant, ce rôle de la bêtise pose de nombreux problèmes. Comment faire un roman de la médiocrité qui ne soit pas un roman médiocre ? Pourquoi cette fascination pour la stupidité ? En quoi a-t-elle à voir avec le caractère résolument moderne de l'œuvre ?

1. La bêtise, apanage des animaux ?

Est bête, étymologiquement, celui qui s'apparente aux animaux. En effet, la bêtise est d'abord déshumanisation. L'onomastique ou étude des noms, dans *Madame Bovary*, montre que tous les personnages sont menacés par ce fléau, notamment dans la fameuse scène des Comices agricoles où tous les noms se rapportent à des animaux (ou à des végétaux, comme Derozerays) Outre Bovary, on compte Tuvache, Bizet (comme le pigeon)… Dans cette ronde de noms d'animaux, un seul est typiquement humain, celui de Homais, composé à partir de Homo, l'homme en latin. Effectivement, Homais représente un type de sottise différente.

La bêtise humaine peut constituer un écho de la non pensée animale. Pendant la scène des comices, les discours des notables révèlent toute leur vanité par leur superposition même avec les mugissements du bétail : « *Malgré le silence, la voix de M. Lieuvain se perdait dans l'air. Elle vous arrivait par lambeaux de phrases, qu'interrompaient çà et là le bruit des chaises dans la foule ; puis on entendait, tout à coup, partir derrière soi un long mugissement de bœuf ou bien les bêlements des agneaux qui se répondaient au coin des rues.* » (p. 200)

Cependant, si le cri des animaux révèle par superposition la vacuité des discours humains, la bêtise de l'homme qui se rapproche de la bête peut avoir quelque chose d'attendrissant, voire de sublime. Ainsi Catherine Leroux, la servante de ferme récompensée par vingt-cinq francs pour « *un demi-siècle de servitude* » a fini par ressembler, dans son humilité, aux animaux qu'elle a passé sa vie à soigner. « *Dans la fréquentation des animaux, elle avait pris leur mutisme et leur placidité* » (p. 205). Cette forme de bêtise des humbles annonce celle de la servante Félicité dans *Un cœur simple* (à ne pas confondre avec la domestique de Madame Bovary). Chez Catherine Leroux, elle s'accompagne d'une foi du charbonnier qui lui fait donner sa médaille, c'est-à-dire la récompense d'une vie de travail, au curé pour qu'il lui dise des messes. C'est la bêtise des exploités, des victimes, et Flaubert manifeste en parlant d'eux une certaine compassion. « *Chacun reprenait son rang et tout rentrait dans la coutume ; les maîtres rudoyaient les domestiques et ceux-ci frappaient les animaux triomphateurs indolents qui s'en retournaient à l'étable, une couronne verte entre les cornes.* »

Par métaphore, ce type de bêtise muette peut s'appliquer aux objets. Il en est ainsi de la célèbre casquette de Charles adolescent. « *C'était une de ces coiffures d'ordre composite où l'on retrouve les éléments du bonnet à poil, du chapska, du chapeau rond, de la casquette de loutre et du bonnet de coton, une de ces pauvres choses, enfin, dont la laideur muette a des profondeurs d'expression comme le visage d'un imbécile.* » (p. 24) Bien sûr, il y a là un déplacement : l'imbécile à l'expression profonde, c'est Charles Bovary. Dans la scène qui ouvre le roman, Charles apparaît comme la victime de la prétendue intelligence des initiés de la vie scolaire que sont les autres élèves et le professeur. Jamais, au cours de cette scène de chahut, le lecteur n'a le point de vue de Charles, dont la sottise, aux yeux de ses condisciples, consiste à ne pas savoir lancer sa casquette comme les autres. « *Il fallait, dès le seuil de la porte, les lancer sous le banc, de façon à frapper contre la muraille en faisant beaucoup de poussière ; c'était là le genre.* » (p. 24) Le « genre » censé prouver l'intelligence semble se manifester de façon bien dérisoire et le lecteur éprouve alors l'impression d'être en butte à la sottise universelle.

Charles, du moins, est un sot sans malice, une éternelle victime. Nouveau Saint-Étienne, il garde une « tenue exemplaire » bien que lapidé à coups de boulettes par ses condisciples. À la fin du roman, trompé, ruiné par sa femme, il l'aime cependant jusqu'à espérer un miracle qui la sauverait : miracle de la science, d'abord, puis de l'Église et de Dieu qui parfois accorde la vie à des pécheurs pour leur laisser, aux dires du curé Bournisien, le temps de se repentir, miracle de son amour enfin, qui, par magnétisme, arriverait à ranimer son épouse déjà décomposée. La bêtise, à ce stade, prend une valeur sublime et quasi christique : Charles est celui qui pardonne tout, y compris à l'amant de sa femme (p. 440).

Ce type de bêtise est une bêtise sans malice, presque une sainte bêtise. Cependant, il est des formes de bêtises beaucoup plus nuisibles…

2. BÊTISE ET ÉGOÏSME

Bien souvent, la bêtise est l'incapacité à sortir de soi, à considérer un autre point de vue que le sien. À cet égard, il est naturel qu'un auteur aussi intéressé par la mise en évidence des différentes subjectivités que Flaubert se passionne aussi pour la forme égoïste de la bêtise.

L'exemple même de la bêtise égoïste et suffisante est le pharmacien Homais. « *Sa figure n'exprimait rien que la satisfaction de soi-même, et il avait l'air aussi calme dans la vie que le chardonneret suspendu au-dessus de sa tête dans une cage d'osier* » (p. 112) Sa conversation, du reste, en revient toujours à cette profonde satisfaction de lui-même, en infraction à tous les codes de politesse qui veulent qu'on évite de dire du bien de soi. Ainsi se pose-t-il en exemple face au percepteur Binet quasiment dès son apparition dans le roman : « *Ah ! qu'un négociant qui a des relations considérables, qu'un jurisconsulte, un médecin, un pharmacien soient tellement absorbés qu'ils en deviennent fantasques et bourrus même, je le comprends ; on en cite des traits dans les histoires ! Mais au moins, c'est qu'ils pensent à quelque chose. Moi, par exemple, combien de fois m'est-il arrivé de chercher ma plume sur mon bureau pour écrire une étiquette, et de trouver, en définitive, que je l'avais placée à mon oreille* ! » (p. 115) Mais la bêtise vaniteuse et égoïste du pharmacien, n'est pas seulement comique : elle est également nuisible.

En effet, si Homais se montre « *le meilleur des voisins* », c'est par un calcul intéressé. Il sait qu'exerçant illégalement la médecine, il concurrence Bovary ; aussi veut-il se le concilier. Surtout, au fur et à mesure que son triomphe s'affirme, son pouvoir de nuisance s'affirme, notamment face à l'Aveugle. Content de lui-même, Homais est incapable de se rendre compte qu'il est ridicule. Ainsi en est-il lorsque, faisant une aumône misérable à l'Aveugle, il s'écrie « *Tiens, voilà un sou, rends-moi deux liards !* » (p. 382). La bêtise n'exclut pas la ruse, cependant, et Homais ne se montre pas stupide lorsqu'il fait enfermer l'Aveugle, preuve vivante de son échec thérapeutique, même si les articles qu'il fait paraître contre son ennemi dans *Le Fanal de Rouen* sont comiques par leur pédantisme.

Au reste, Homais n'est pas le seul à faire preuve de cet égoïsme et de cette vanité dans la bêtise. On peut également parler de la bêtise d'Emma. Celle-ci consiste en un aveuglement complet sur ce que peut lui offrir la vie. On peut la taxer de naïveté. Au couvent, Emma passe le plus clair de son temps à imaginer le roman de sa vie comme si celle-ci n'avait rien que de bon à lui offrir. Ces rêves sont innocemment égoïstes dans la mesure où tous ont pour centre la jouissance de la jeune rêveuse. « *Il fallait qu'elle pût retirer des choses une sorte de profit personnel ; et elle rejetait comme inutile tout ce qui ne contribuait pas à la consommation immédiate de son cœur – étant de tempérament plus sentimentale qu'artiste, cherchant des émotions et non des paysages.* » (p. 66) Dans ses lectures, Emma est purement passive. C'est en cela qu'elle n'est pas une artiste, en cela aussi que consiste sa bêtise.

Cependant, sa bêtise et l'égoïsme qui en découle peuvent se lire comme beaucoup moins innocentes. Il ne faut pas oublier en effet que *Madame Bovary* est aussi l'histoire d'une femme qui, par son impéritie, cause la ruine de sa famille. Emma tombe successivement dans les bras de deux amants, qui la séduisent avec des paroles fallacieuses (ainsi Emma accepte-t-elle de monter dans le fiacre avec Léon au prétexte que « *Cela se fait à Paris* », p. 315) et elle s'endette inconsidérément auprès de l'usurier Lheureux, parce qu'elle est incapable de songer à autre chose qu'à son désir et de faire preuve de vues à long terme. On pourrait presque dire que *Madame Bovary* est une tragédie de la bêtise : c'est la sottise d'Emma qui, la rendant incapable de créer, la pousse à vouloir consommer livres, hommes, objets de luxe ou de semi-luxe.

Mais, précipiter le malheur de l'héroïne n'est pas le principal inconvénient de la bêtise. Au-delà de l'aventure anecdotique d'Emma Bovary, la Bêtise ruine toute valeur et tout discours.

3. LA BÊTISE COMME FAILLITE DU SENS.

En effet, la parole bête n'appartient pas à celui qui l'émet : elle est un lieu commun, une platitude répétée par tous. Le meilleur exemple en est la conversation de Charles selon Emma : elle « *était plate comme un trottoir de rue et les idées de tout le monde y défilaient dans leur costume ordinaire sans exciter d'émotions, de rire ou de rêverie* » (p. 72). Cependant, cette forme de bêtise est loin d'être l'apanage de Charles. Emma elle-même en fait preuve dans ses rêveries juvéniles. De fait, ses lectures ne font que répéter des clichés romantiques éculés et, ainsi, ses espoirs d'avenir n'ont rien d'original. « *Avec Walter Scott, plus tard, elle s'éprit de choses historiques, rêva bahuts, salles des gardes et ménestrels. Elle aurait voulu vivre dans quelque vieux manoir, comme ces châtelaines au long corsage, qui, sous le trèfle des ogives, passaient leurs jours, le coude sur la pierre et le menton dans la main, à regarder venir du fond de la campagne un cavalier à plume blanche qui galope sur un cheval noir* » (p. 66). Du reste, à Tostes, les rêves de Madame Bovary seront cruellement exaucés puisqu'elle passera ses journées à la fenêtre à attendre son mari revenant de ses consultations… De fait, les songes d'Emma se laissent ramener au vieux stéréotype de la femme attendant l'homme, à sa fenêtre, et le prestige du costume ne change rien à ce cliché.

On voit que les rêveries d'Emma constituent un idéal du moi tout à fait interchangeable avec des millions d'autres. Ils dessinent donc un ego sans aucune originalité. Pour Flaubert, c'est la manière, autrement dit le style, qui confèrent à un texte, et donc à un auteur, toute son originalité. Le pharmacien Homais est le type même de ces êtres qui ne sont que l'écho de phrases partout répétées. Ce qu'il dit est moins faux que banal. Ainsi lors de sa première rencontre avec les Bovary, au Lion d'Or, Homais accumule les poncifs : il commence notamment par parler météorologie (p. 120), sujet par excellence de ceux qui parlent pour ne rien dire. Au reste, la pédanterie d'Homais complète le tableau. Le pédant est celui qui se perd dans les minuties d'un savoir qu'il n'a pas assimilé. Ainsi en est-il à la page 382, lorsque, en colère contre Hippolyte, il cite des phrases latines dont le rapport avec la situation est plus que relatif.

La banalité des discours se manifeste également par leur superposition. C'est parce que les discours d'Homais et de Charles sont superposés à ceux de Léon et Emma que ceux-ci paraissent aussi creux. De fait, les futurs amants répètent des poncifs romantiques éculés. On peut parler, selon la définition déjà citée du comique que donne le philosophe Bergson de « *mécanique plaquée sur du vivant* », car, à travers Léon et Emma, ce sont d'autres voix, celles de Chateaubriand, de Lamartine et de tous leurs imitateurs, qui s'expriment, déroulant un discours tout fait. Ainsi, non seulement le contenu, mais le rythme même des phrases où l'on peut imaginer que Flaubert, accumulant les constructions binaires et ternaires, se parodie lui-même avec un certain sens amer de la dérision, contribue à l'effet de déjà-vu dans le discours de Léon : « *J'ai un cousin qui a voyagé en Suisse l'année dernière, et qui me disait qu'on ne peut se figurer la poésie des lacs, le charme des cascades, l'effet gigantesque des glaciers. On voit des pins d'une grandeur incroyable, en travers des torrents, des cabanes suspendues sur des précipices, et, à mille pieds sous vous, des vallées entières quand les nuages s'entrouvrent. Ces spectacles doivent enthousiasmer, disposer à la prière, à l'extase ! Aussi je ne m'étonne plus de ce musicien célèbre qui, pour exciter mieux son imagination, avait coutume d'aller jouer du piano devant quelque site imposant.* » (p. 122) Avec une grande cruauté, Flaubert condamne le discours à l'insignifiance du cliché alors même qu'il se voudrait le plus porteur de sens.

En effet, il est possible de se demander si le sens de toutes ces accumulations de sottises n'est pas de renvoyer le lecteur à un scepticisme universel. Le XIXe siècle est le règne du journalisme (comme le montre le rôle du *Fanal de Rouen*) et donc de l'opinion. De Homais le positiviste ou du curé Bournisien, qui a raison ? De fait, il n'y a aucune voix censée, mesurée, originale dans le roman qui montre au lecteur la direction à suivre comme l'ont remarqué les autorités contemporaines de Flaubert. Ainsi, dans le débat où Homais cherche des noises au curé à propos du théâtre, le pharmacien se contente de récapituler des poncifs sans aucune originalité : « […] *autrefois [les comédiens] concouraient ouvertement aux cérémonies du culte. Oui, on jouait, on représentait au milieu du chœur des farces appelées mystères dans lesquelles les lois de la décence souvent se trouvaient offensées. […] C'est comme dans la Bible ; il y a…, savez-vous…, plus d'un détail… piquant, des choses… vraiment… gaillardes !* » (p. 285) Le comique dans ce passage vient, comme souvent, de l'hésitation avec laquelle le pharmacien avance, comme s'il s'agissait de propositions hardies, des arguments éculés. Face à Homais, on pourrait penser que le curé n'aurait guère de mal à briller. Mais il accumule d'autres poncifs, quand il ne se refuse pas tout simplement à argumenter, au nom de la religion et de son caractère sacré. Ainsi affirme-t-il *« en prenant subitement un ton de voix mystique, tandis qu'il roulait sur son pouce une prise de tabac », « Si l'Église a condamné les spectacles, c'est qu'elle avait raison, il faut nous soumettre à ses décrets. »* (p. 285)

Ainsi la Bêtise qui s'empare de chacun, c'est d'abord la puissance du langage commun et de ses clichés qui fait de chaque individu un pantin d'opinions esthétiques, politiques, morales ou religieuses qui ne sont pas les siennes mais qu'il véhicule à son tour. On peut opposer chez Flaubert la bêtise muette avec laquelle l'auteur est plutôt indulgent à la Bêtise bavarde, la Bêtise sans rémission à laquelle il réserve ses foudres.

Étude 3 Le bovarysme

Peu après Flaubert, Emma est apparue comme un type, on a considéré qu'elle souffrait d'une pathologie spécifique, spécialement identifiée par Flaubert. Cette pathologie, c'est le bovarysme, selon le titre d'un essai de Jules de Gaultier qui, en 1913, part d'une analyse de différents personnages flaubertiens pour s'intéresser à ce mal qu'il juge exister hors de la littérature. Mais comment définir le bovarysme ? Existe-t-il, justement, en dehors de la littérature ?

1. LE BOVARYSME : SE PRENDRE POUR UN AUTRE QUE CELUI QU'ON EST

Le bovarysme, tel que le définit Jules de Gaultier en 1913, dans l'essai du même nom, consiste à désirer être un être autre que soi et, par suite, à avoir l'illusion que ce désir est réalisé. C'est un trait typiquement flaubertien, selon l'essayiste, et on le retrouve chez de nombreux personnages du romancier, que ce soit dans *L'Éducation sentimentale* ou dans *Bouvard et Pécuchet*. En outre, si Emma, est le cas le plus flagrant de bovarysme dans *Madame Bovary*, elle n'est pas la seule à en être frappée : son amant Léon, qui, comme elle, joue au héros romantique, bovaryse également. La seule différence est que, tandis qu'Emma mourra de son délire, Léon pensera à faire une fin en se mariant et en s'établissant notaire à Yvetot. Homais aussi est atteint de bovarysme quand il se pense un grand savant et pose à l'homme important qui ne peut jamais sortir de sa pharmacie (« *Eh bien quoi,* [dit-il à sa femme] *tu trouves que je ne ruine pas assez ma santé à vivre parmi les émanations continuelles de la pharmacie ! Voilà, du reste le caractère des femmes : elles sont jalouses de la Science, puis s'opposent à ce que l'on prenne les plus légitimes distractions.* » (p. 357)

Cependant, la plus atteinte par le bovarysme est, bien sûr, Emma. Sa dite pathologie est telle qu'elle en fait des rêves éveillés. Ainsi rêve-t-elle sans pouvoir s'endormir de sa fuite avec son amant,

Rodolphe. « *Emma ne dormait pas, elle faisait semblant d'être endormie ; et tandis que [Charles] s'assoupissait à ses côtés, elle se réveillait en d'autres rêves.*

Au galop de quatre chevaux, elle était emportée depuis huit jours vers un pays nouveau d'où ils ne reviendraient plus. Ils allaient, ils allaient, les bras enlacés, sans parler. Souvent, du haut d'une montagne, ils apercevaient tout à coup quelque cité splendide avec des dômes, des ponts, des navires, des forêts de citronniers et des cathédrales de marbre blanc dont les clochers aigus portaient des nids de cigognes » (p. 258) Le plus cruel, c'est que Charles aussi, à ses côtés, bovaryse tout éveillé en bâtissant des rêves d'avenir pour leur fille Berthe. Cependant les rêves d'Emma non seulement ne s'accordent pas avec ceux de son mari, mais, en entraînant à terme le suicide de l'héroïne, ils vont détruire ces derniers.

Le bovarysme a ainsi ceci de spécifique que celui qui en est atteint, rêvant qu'il est un autre, rêve aussi que ceux qui l'entourent sont différents. Aux yeux d'Emma, Rodolphe, qui est en réalité un vulgaire jouisseur, se transforme en un héros romantique. Ainsi, il ne réagit plus au compliment d'Emma :

« *– Oh ! non, n'est-ce pas, aucune ne te plaît ? Il y en a de plus belles ; mais moi, je sais mieux aimer ! Je suis ta servante et ta concubine ! Tu es mon roi, mon idole ! tu es bon ! tu es beau ! tu es intelligent ! tu es fort !*

Il s'était tant de fois entendu dire ces choses qu'elles n'avaient pour lui rien d'original. Emma ressemblait à toutes les maîtresses ; et le charme de la nouveauté, peu à peu tombant comme un vêtement, laissait voir à nu l'éternelle monotonie de la passion, qui a toujours les mêmes formes et le même visage. » (p. 253)

Le bovarysme d'Emma est l'élément qui déclenche sa tragédie. Comme il lui interdit de se contenter de ce qu'elle a, il l'amène à s'interroger, alors même qu'elle est la maîtresse de Léon : « *N'importe, elle n'était pas heureuse, elle ne l'avait jamais été. D'où venait donc cette insuffisance de la vie, cette pourriture instantanée des choses où elle s'appuyait ?* » (p. 363) Mais, lorsque, devenant presque folle, elle se ressaisit et ne bovaryse plus, seule reste l'horreur de sa situation. Elle est alors prête à mourir, tel Don Quichotte, désillusionnée.

Cependant, si en sortant de chez Rodolphe, Emma souffre, avant tout, de son amour blessé, elle se tue, avant tout, pour des raisons financières et pour ne pas perdre la face devant son mari. C'est dire le rôle que jouent les objets dans ce que Jules de Gaultier nomme la pathologie bovaryque.

2. LE BOVARYSME, UNE SOIF D'ACCUMULATION

Le bovarysme, surtout celui d'Emma, consiste en grande partie à vouloir compenser une insuffisance, notamment d'amour, par une accumulation d'objets. Dès les débuts de son mariage, Emma a éprouvé le besoin de s'offrir du papier à lettres pour se consoler de n'avoir pas de lettes à adresser à un amant. « *Elle s'était acheté un buvard, une papeterie, un porte-plume, et des enveloppes, quoiqu'elle n'eût personne à qui écrire ; elle époussetait son étagère, se regardait dans la glace, prenait un livre, puis, rêvant entre les lignes, le laissait tomber sur ses genoux.* » (p. 95)

Cette passion pour les objets peut aller jusqu'au fétichisme. Ainsi en est-il du porte-cigare du Vicomte, qui est certainement chargé d'une connotation phallique et finit par symboliser non seulement le Vicomte, mais tous les trésors d'amour et de délicatesse que lui prête Emma. C'est pour cette raison qu'elle reprend cet objet tant admiré à Charles, qui ne réalise pas ses attentes amoureuses, mais, en revanche, en offrira un tout semblable à l'un de ses amants.

Emma, face à Lheureux, trouve la force de refuser babioles et facilités de crédit quand elle met de l'ordre dans sa vie. Quand, au contraire, elle se laisse aller à la passion, le désordre règne dans ses comptes. Ainsi, la première fois qu'elle reçoit la visite de Lheureux, elle se sait aimée de Léon mais a décidé de ne lui céder en rien. Aussi a-t-elle la force de refuser les marchandises proposées par l'usurier. En revanche, lorsque Léon, lassé de soupirer en vain, part à Paris, elle cède aux sirènes de l'achat à crédit. « *Une femme qui s'était imposée de si grands sacrifices pouvait bien se passer des fantaisies. Elle s'acheta un prie-Dieu gothique, et elle dépensa en un mois pour quatorze francs de citrons à se nettoyer les ongles ; elle écrivit à Rouen afin d'avoir une robe en cachemire bleu ; elle choisit chez Lheureux la plus belle de ses écharpes* [...] » (p. 174). La mention du « prie-Dieu gothique » est intéressante : à défaut de croire vraiment en Dieu, et de trouver refuge dans sa foi contre l'ennui de sa vie, Emma se console avec un objet à prétentions artistiques et à caractère religieux. Elle qui voudrait tant éprouver des sentiments violents, de quelque nature qu'ils soient, mais qui éprouve, avant tout, celui de l'ennui, s'imagine que des objets combleront ce manque-à-sentir.

Du reste, cette envie d'objets pieux lui revient quand, convalescente, elle cherche à se fortifier dans la foi catholique. « *Elle voulut devenir une sainte. Elle acheta des chapelets, elle porta des amulettes ; elle souhaitait avoir dans sa chambre, au chevet de sa couche, un reliquaire enchâssé d'émeraudes, pour le baiser tous les soirs.* » (p. 280)

Mais, de fait, Emma n'est ni une sainte ni une artiste, ni même peut-être une amoureuse (après tout, elle invente de toutes pièces l'identité de ses amants). En revanche, elle est, avec un siècle d'avance, une consommatrice. Lorsque Perec écrira, dans *Les Choses*, l'histoire d'une génération à travers celle d'un jeune couple qui ne conçoit le bonheur que dans l'accumulation d'objets à la mode, il sera l'héritier direct de Flaubert et d'une certaine définition du bovarysme. Pour atteindre l'identité rêvée, le bovarysme s'entoure d'objets qui sont, d'une certaine façon, des auxiliaires de la rêverie. Emma va très loin sur cette pente : lorsque, perdue de dettes, elle en est réduite à demander de l'argent au notaire, M. Guillaumin, elle trouve cependant le moyen de penser, en voyant la salle à manger du notable : « *Voilà une salle à manger* [...] *comme il m'en faudrait une* » (p. 384). Les objets sont porteurs de fantasmes, et, à ce titre, le désir de les accumuler en guise de compensation d'un rêve impossible est un élément fondamental du bovarysme. Il ne faut cependant pas oublier la dimension livresque de cette affection.

3. LE BOVARYSME OU LA MALADIE DES LIVRES

Selon le critique René Girard, le bovarysme, comme son ancêtre le donquichottisme, est, par excellence, une maladie de la lecture. Emma désire non pas simplement ce qui l'attire mais ce qui attire les héroïnes de ses romans. C'est ce que l'on appelle le désir *médiatisé*. Les livres, pour Emma, ne sont pas précieux en tant qu'œuvres d'art, mais seulement dans la mesure où ils entretiennent son désir. « *Maniant délicatement leurs belles reliures de satin, Emma fixait ses regards éblouis sur le nom des auteurs inconnus qui avaient signé, le plus souvent, comtes ou vicomtes, au bas de leurs pièces.*

Elle frémissait, en soulevant de son haleine le papier de soie des gravures, qui se levait à demi plié et retombait doucement contre la page. C'était, derrière la balustrade d'un balcon, un jeune homme en court manteau qui serrait dans ses bras une jeune fille en robe blanche, portant une aumônière à sa ceinture ou bien les portraits anonymes de ladies anglaises à boucles blondes qui, sous leur chapeau de paille rond, vous regardaient avec leurs grands yeux clairs. » (p. 67)

Emma, dès son adolescence, se projette dans ces ladies, elles aimerait être l'une d'elles. Une fois mariée, elle singe souvent la mélancolie romantique. Pour se donner de l'amour, elle tente de jouer à être l'une de ces dames distinguées ou de s'imaginer être dans un livre. Ainsi, aux débuts de son mariage avec Charles : « *cependant, d'après des théories qu'elle croyait bonnes, elle voulut se donner de l'amour. Au clair de lune, dans le jardin, elle récitait tout ce qu'elle savait par cœur de rimes passionnées et lui chantait en soupirant des adagios mélancoliques ; mais elle se retrouvait ensuite aussi calme qu'auparavant, et Charles n'en paraissait ni plus amoureux ni plus remué.* » (p. 75) Le comique du passage tient au décalage entre la conduite d'Emma, tout droit sortie d'un roman, et plutôt saugrenue à force de dramatique, et l'absence de tout résultat. Emma espérait parvenir à aimer Charles à travers des vers, plus précisément, elle espérait que les vers de ses livres préférés lui donneraient, comme par magie, l'amour qu'elle n'éprouvait pas pour son mari.

Avec ses amants successifs, Emma postule la même continuité entre les livres et la vie. Du moins Léon et Rodolphe ont-ils, l'un la naïveté, l'autre la roublardise de paraître croire à cette continuité. Elle croit aimer passionnément l'un et l'autre parce qu'ils la renvoient à ses héros de romans. Aussi tente-t-elle, de façon assez pathétique, de se mettre au diapason. Ainsi se passèrent ses retrouvailles avec Léon, après la scène du fiacre : « *Une fois, la lune parut ; alors, ils ne manquèrent pas à faire des phrases, trouvant l'astre mélancolique et plein de poésie ; même elle se mit à chanter :*

Un soir, t'en souvient-il ? nous voguions, *etc* » (p. 332).

À l'évidence, Emma se prend ici pour un personnage tout droit sorti d'une poésie de Lamartine. C'est par l'intermédiaire de ce poète qu'elle aime Léon. En cela consiste son bovarysme.

Le seul événement qu'Emma vit sans médiation d'un livre, c'est sa mort. En effet, autant lorsqu'elle croit mourir, après que Rodolphe l'a abandonnée, elle joue sa mort, s'imaginant une sainte dans cette scène d'extrême-onction : « *Alors, elle laissa retomber sa tête, croyant entendre dans les espaces le chant des harpes séraphiques et apercevoir en un ciel d'azur, sur un trône d'or, au milieu des saints tenant des palmes vertes, Dieu le Père tout éclatant de majesté, et qui, d'un signe faisait descendre vers la terre des anges aux ailes de flammes pour l'emporter dans leurs bras.* » (p. 279) Mais lorsqu'Emma meurt pour de bon, elle est réduite à sa seule souffrance physique et n'a plus le loisir d'imaginer quoi que ce soit. Le corps ne bovaryse pas. « *À mesure que le râle devenait plus fort, l'ecclésiastique précipitait ses oraisons ; elles se mêlaient aux sanglots étouffés de Bovary, et quelquefois tout semblait disparaître dans le sourd murmure des syllabes latines qui tintaient comme un glas de cloche.* » Plus tard, Emma perçut le chant de l'Aveugle et elle « *se mit à rire, d'un rire atroce, frénétique, désespéré, croyant voir la face hideuse du misérable qui se dressait dans les ténèbres éternelles comme un épouvantement.* » (p. 412)

Comme on le voit, le seul moment où Emma cesse de bovaryser, c'est-à-dire de bâtir de vains rêves, c'est celui où elle se trouve confrontée à la mort. Cela revient-il à dire, avec Schopenhauer, que Flaubert admira, bien qu'il ne le lût qu'à la fin de sa vie, que l'existence est un songe creux dont on ne se réveille que pour plonger dans le néant de la mort ? Peut-être tient-on là la signification profonde du bovarysme.

ÉTUDE 4 LE RÉALISME DANS L'ŒUVRE

Flaubert est connu pour être l'un des chefs de file de l'école réaliste. Lui-même, cependant, loin de vouloir diriger une coterie, refusait d'appartenir à aucune. De plus, on sait qu'il ne souhaitait pas enregistrer la réalité mais la transfigurer par un style impeccable. Dans ces conditions, peut-on parler de réalisme dans *Madame Bovary* ? Quel sens donner à cette notion ?

1. LE RÉALISME TRADITIONNEL COMME ATTACHEMENT AU BAS.

Traditionnellement, c'est-à-dire jusqu'au XIXe siècle, le réalisme correspond à la représentation des choses basses, physiques, corporelles, par opposition au registre élevé, spirituel. Ce type de réalisme entraîne le comique. On le rencontre beaucoup chez Flaubert, comme un héritage de la tradition littéraire.

Ainsi, trouve-t-on chez Flaubert de nombreuses allusions à des agapes : agapes de la noce des Bovary, du château de la Vaubyessard, des Comices. Lors de la noce des Bovary, la description de la pièce montée du pâtissier d'Yvetot avec ses Amours et ses temples grecs est destinée à faire rire le lecteur par son mauvais goût. La description même appartient au genre burlesque : il s'agit de décrire en style élevé des choses appartenant au registre du bas, du corps. Dans le même récit de la noce, l'épisode du facétieux mareyeur qui « *commençait à souffler de l'eau avec sa bouche dans le trou de la serrure* » de la chambre des nouveaux époux (p. 56) renforce ce rôle du corporel, c'est-à-dire du réalisme au sens traditionnel du terme.

La multiplication des termes spécialisés et le recours aux explications médicales fait également partie du réalisme entendu au sens traditionnel : on le retrouve chez Flaubert, par exemple dans le passage sur l'opération du pied-bot d'Hippolyte (au chapitre II, 9). Le passage suivant : [Homais] « *parut lui-même, haletant, rouge, inquiet, et demandant à tous ceux qui montaient l'escalier :*

– Qu'a donc notre intéressant stréphopode ?

Il se tordait, le stréphopode, dans des convulsions atroces, si bien que le moteur mécanique où était enfermée sa jambe frappait contre la muraille à la défoncer. » (p. 238)

La dénomination technique fait sourire, alors même que le passage n'a rien de drôle, car il souligne le pédantisme d'Homais en l'assimilant aux médecins de Molière.

Cependant, ce réalisme du corps ne prend sens chez Flaubert que parce qu'il est assimilé à un réalisme moderne.

2. LE SOUCI DE L'EXACTITUDE

Le réalisme du XIXe siècle, tel que défini par Champfleury en littérature et Courbet en peinture, consiste à donner, au risque de la laideur, un reflet exact de la réalité. Un écrivain réaliste comme Flaubert se documente sur son sujet : l'auteur de *Madame Bovary* a ainsi lu autant de livres que Charles sur les pieds-bots.

De même, dans sa *Correspondance*, au moment où il rédige le chapitre sur les lectures de la jeune Emma, il écrit : « *Je viens de lire pour mon roman plusieurs livres d'enfant. Je suis à moitié fou, ce soir, de tout ce qui a passé devant mes yeux depuis de vieux keepsakes jusqu'à des récits de naufrages et de flibustiers. […] Voilà deux jours que je tâche d'entrer dans des rêves de jeunes filles et que je navigue pour cela dans les océans laiteux de la littérature à castels, troubadours à toques de velours à plumes blanches* » (À Louise Colet, 3 mars 1852).

Cependant, cette figure de l'écrivain en spécialiste est mise à mal par Flaubert lui-même. Il se donne pour double le pédant pharmacien Homais, seule figure de l'écrivain dans le roman, puisqu'il est correspondant régulier du *Fanal de Rouen*. Or, Homais est un faux scientifique : prétendant aux fonctions de médecin alors qu'il n'est que pharmacien, il engage Hippolyte à accepter son opération aux conséquences catastrophiques et, alors qu'Emma agonise, la sachant empoisonnée, il décide de faire une analyse alors qu'il aurait mieux fait de « *lui introduire les doigts dans la gorge* », selon le docteur Larivière. (p. 408)

Mais cet éminent médecin ne peut que constater la mort. La science atteint ses limites. En quoi, alors, consiste le réalisme de Flaubert ?

3. LE RÉALISME : UNE PRISE DE POSITION SUR LE MONDE

Dire Flaubert « réaliste », c'est d'abord l'opposer à l'école artistique qui le précède et qui l'a tant influencé, à certains égards, l'école romantique. Cette position flaubertienne se traduit d'abord par son ironie à l'égard de l'éducation idéaliste, romantique et religieuse de la jeune Emma. En effet, le roman tout entier pourrait être lu comme celui des mésaventures d'une jeune fille nourrie de fadaises romantiques.

L'instrument de son réalisme, pris en ce sens, c'est l'ironie. Flaubert souligne l'impossibilité des rêves de la jeune Emma, leur caractère de fantasmes incohérents. Ainsi écrit-il à propos des images des keepsakes que lit la jeune fille : « *Et vous y étiez aussi, sultans à longue pipes, pâmés sous des tonnelles, aux bras des bayadères, djiaours, sabres turcs, bonnets grecs, et vous, surtout, paysages blafards des contrées dithyrambiques, qui souvent nous montrez à la fois des palmiers, des sapins, des tigres à droite, un lion à gauche, des minarets tartares à l'horizon, au premier plan des ruines romaines, puis des chameaux accroupis ; - le tout accompagné d'une forêt vierge bien nettoyée, et avec un grand rayon de soleil perpendiculaire tremblotant dans l'eau, où se détachent en écorchure blanche sur un fond d'acier gris, de loin en loin, des cygnes qui nagent.* » (p. 68) Ce long morceau de bravoure méritait d'être cité en entier : en effet, Flaubert y dénonce l'absurdité des lectures de la future

Madame Bovary en décrivant simplement leurs superpositions hasardeuses : cygnes, bayadères, forêts vierges... autant d'éléments à la coexistence impossible.

Dans le passage cité, le narrateur se montre encore assez présent, apostrophant les éléments de décors des keepsakes d'Emma. Mais dans la suite du livre, il pousse le réalisme jusqu'à s'effacer complètement derrière les voix de ses personnages, sans plus faire le moindre commentaire. Plus précisément, l'intention de Flaubert se lit dans la superposition de ces voix. Ainsi, dans la scène du dîner au Lion d'Or (II, 2) et dans celle des Comices agricoles, c'est en apposant aux phrases romantiques d'Emma et de ses futurs amants, le discours terre à terre des autres personnages que Flaubert démystifie les illusions romantiques et romanesques.

Tout au long du roman, on parcourt dans un monde dégradé. L'avertissement même de la religion donné à Emma juste avant qu'elle ne commette l'adultère avec Léon est délivré par un Suisse, guide à la cathédrale de Rouen, imbécile et cupide, qui certes indique aux futurs adultères le portail avec le Jugement dernier et les Réprouvés dans les flammes de l'Enfer, mais seulement pour mieux vendre son boniment.

Ainsi le réalisme de Flaubert est-il un réalisme critique : critique du romantisme qu'il ridiculise, mais critique du réalisme dont il montre les limites, également, à travers les personnages d'Emma, la sotte romantique, et d'Homais, son contrepoint, le sot réaliste. Ainsi en arrive-t-on à ce paradoxe que le réalisme tel que le comprend Flaubert mène au scepticisme le plus complet.

■ BIBLIOGRAPHIE

Ouvrage cité

- *Madame Bovary*, Gallimard, 1972 collection Folio

Correspondance

- Flaubert Gustave, *Correspondance*, II, Gallimard, 1980, Pléiade

Sur le procès

- Vebret Joseph, *Madame Bovary, l'œuvre de Flaubert condamnée,* Librio, 2009,

Ouvrages critiques

- **Butor Michel**, *Improvisations sur Flaubert*, Pocket 1989
- **De Biasi Pierre-Marc**, *Gustave Flaubert, une manière spéciale de vivre*, Grasset, 2009
- **Vargas Llosa Mario**, *L'orgie perpétuelle (Flaubert et Madame Bovary)*, Gallimard, 1978 collection NRF
- *Madame Bovary*, Magnard, 1992 (collection textes et contextes, réalisée par G. Gengembre)

■ TABLE DES MATIÈRES

Aubin
IMPRIMEUR

Achevé d'imprimer en juillet 2014
N° d'impression 1406.0423
Dépôt légal, juillet 2014
Imprimé en France